JN177088

沖縄を本当に愛してくれるのなら県民にエサを与えないでください

Megumi Ryunosuke
惠隆之介

ビジネス社

Watanabe Tetsuya
渡邉哲也

まえがき　沖縄刷新のためにいまこそ真摯な議論を

わが国はスパイ防止法がなく諜報機関もない。英国やイスラエルなどは優秀な人材をこのような機関に配置しながら情報戦を戦い抜いている。残念ながらわが国の現状は、機密情報の入手を米国の好意に頼っているだけだ。

ところで沖縄県は日本に復帰して今年（二〇一七年）で四五周年を迎えた。当初、時限措置として沖縄県のみ県知事による各省庁への次年度予算折衝を内閣府が代行していた。ところがいまや沖縄特例として定着している。わが国はこれまで沖縄政策において補助金増額による宥和策のみに奔って来た。いまこれが破裂寸前なほどに膨れ上がっているのだ。

一方、沖縄県は政府から毎年国庫補助金合計一兆二〇〇〇億円以上を交付されている。もちろん各都道府県中、最高額である。ところが県民はこれを認識できないばかりか、翁長雄志知事に至っては国庫負担金の項目分析を詐り、三〇〇〇億円の沖縄振興予算にのみ言及しながら「特段の優遇は受けていない」と発言している。

いまそういう沖縄を日本から分離しようと、極左勢力をはじめ中国工作員が蠢き、米軍基地反対運動には韓国・朝鮮人が来県し煽動している。一方、沖縄の甘えの連鎖はとどまるところを知らず、財政依存度を高めながらも県内では「沖縄独立」の声が聞こえるようになって来た。

六月二十三日、沖縄戦における戦没者を追悼する「沖縄慰霊の日式典」が県により開催された。これは完全に政治ショーと化している。

メディアはここぞとばかり民間人の犠牲者を誇張表現し、また在沖縄米軍施設の存在比率をあえて専用施設比率を挙げることによって基地が集中しているかの印象を与えている。その結果、沖縄県民のみが被害の権化に祭り上げられているのだ。

とかくわが国国民の政治観は感傷的な視点に陥りやすい。産経新聞でさえ、戦後沖縄の米国統治を批判的に論じている。

「戦後も沖縄は苦難の道を歩んできた。昭和47年5月の本土復帰まで米国の統治下にあり、その後も最も大きな米軍基地負担を続けてきた」（「産経新聞」二〇一七年六月二十四日「主張・心からこうべを垂れたい」）これを読んだ私は「産経よ、オマエもか!?」と慨嘆した。

米国政府は沖縄統治期間中、一〇億ドル（現邦貨一六兆四〇〇〇億円）以上の財政支援を行い、戦前わが国が手を焼いていた沖縄近代化を一挙に推進してくれたのだ。住民もまた「戦前の日本ではこうは行かなかった」と口々に発言していたのである。

「大きな基地負担」という産経の記者は、在日米軍基地の一九%が存在している事実を理解できないでいる。これは専用施設のみに限定しながら「沖縄に七〇%が集中する」という印象操作に完全にマインドコントロールされているのではないだろうか。この論法で行くと、沖縄の米軍基地を佐世保（させぼ）や岩国（いわくに）のようにすべて自衛隊との共有施設にすれば、沖縄には基地は存在するが専用施設はゼロになってしまうのである。

戦後、なにより米国のプレゼンスがあったからこそ、わが国の主権は守られたのである。仮に米軍の存在がなければ台湾のように中国国民党の進駐をうけ、われわれ県民はいま頃北京語を話していたことであろう。


前述のとおり、沖縄県は毎年一兆二〇〇〇億円以上という国費を投入され全国一優遇されている。ところが県民の一部はこれを「慰謝料」ととらえ、勤労意欲を阻喪している。結果、酒に溺（おぼ）れ、飲酒による事件事故は後を絶たず、県民の健康状態も急激に悪化している。とりわけ飲酒運転の検挙数は絶対数で全国ワースト連続（今年上半期だけでも検挙者一〇八一人）、青壮年のメタボ、死亡率もまた全国ワーストである。最近は小学生にまでこの酒害が及んでいるのだ。

本書の表題にあるように「これ以上沖縄県民にエサを与えないでほしい」と私は強調したい。ここで戦前沖縄の先達が貧困をバネに、いかに逞しく生き抜いたかを披瀝したい。

戦前沖縄は全国最下位の超貧乏県で、土壌や自然条件が農業に適さなかったため県民は農地を担保に借金し、移民、出稼ぎへと出て行った。ところが教育がなおざりにされていたため、移民先で日本人移民と齟齬を来すことがままあった。先達はそこで、「教養が低ければ他府県人にバカにされる」と認識し、子弟教育に乗り出したのだ。

沖縄移民の先駆である金武村（現在の沖縄県金武町）では一九二五（大正十四）年、村民が節酒運動を起こして浄財を募り、また移民からの援助もあって鉄筋コンクリート建て白亜の小学校を建設し村民が一丸となって学事を奨励した。

現在世界各地に約二五万人の沖縄系移民子孫が活躍しているがその中核的位置を同村出身子孫が占めているのはこの所以である。

この金武町町長室に入ると正面に歴代村町長（昭和五十五年町制施行）の写真が掲示さ

れている。その真ん中に青年当山久三（当時三四歳）の写真がある。眼光炯々、他の壮年村長を圧するかのような輝きがある。この当山が「いざ行かむ、我らの家は世界五大州！」（一九〇三年、明治三十六年）を標榜し、移民の先駆をなしたのである。当山は四三歳で早世するが、そのパワーは沖縄を刷新した。

当山は一八六八（明治元）年十一月、琉球藩金武間切に生まれた。生来、進取の気概旺盛で、沖縄県立師範学校を出て教員を務め、二六歳で金武間切並里総代（現在の金武町並里区区長）に就任した。当山はここで沖縄近代化を阻害していた琉球王国時代の悪習や稚拙な祭祀を廃止した。もちろん、守旧勢力の攻撃、暴行も受けている。

一九〇一（明治三十四）年八月一九日、琉球最期の国王尚泰が死去した。県は喪に服するよう呼びかけたが、金武村では、当山の指示か、独裁者の死去を祝うとして、三日三晩祝いの綱引き祭を挙行した。なおこの変革の衝撃波は本島北部の大宜味間切（一九〇八年、明治四十一年以降村制施行）にも達した。

一八八四（明治十七）年、宮城新昌が誕生する。いまだ標準語も定着しない時代に宮城は独学で英語を習得し、一九〇八（明治四十一）年に渡米、セオドア・ルーズベルト大統領のスピーチ「育てる海洋漁業」に刺激を受け、牡蛎の垂下式養殖法を発明した。宮城は一九二五（大正十四）年には、国際社会で「世界の牡蛎王」（The Oyster King）と称されるようになった。

現在、沖縄県では宮城を知る者はほとんどいないが、宮城県石巻市には宮城県民によって顕彰碑が建立されており、宮城新昌は宮城県民の心のなかにいまも生き続けている。

以上のように沖縄県民はやればできるのである！　私が国民、政府に強調したいのは、沖縄特例と補助金のバラまきをやめ、一日も早く県民を野生に戻してほしいのである。

願わくは本書が県民を覚醒し、かつ経済自立を促すテキストになれば幸甚である。ここで、斬新なアイデアや疑問点を投じてくれた経済評論家の渡邉哲也氏、本書の出版にご指導くださったビジネス社社長唐津隆氏に深甚なる感謝を申し上げたい。

私事にわたって恐縮であるが、本書を小学校時代の恩師、故山田朝良先生の霊前に捧げたい。先生は第六代沖縄コザ市立諸見小学校校長として私たちを指導された。一九六一（昭和三十六）年当時の沖縄は米国統治下で、いまだ沖縄戦の残滓が残るなか、校長は毎朝の登校時、マイクロホンで「軍艦行進曲」「君が代行進曲」を頻繁に放送されていた。そして「勇敢だった日本人の心を失うな」と教示された。

内政外交問題が山積するわが国において、先生は泉下から、沖縄が一日も早く政府のお荷物から脱し、国家に寄与できる存在になることを願っておられると思われる。

平成二十九年七月　太平洋を眺望しながら

惠　隆之介

第一章　基地問題の闇

第二章 戦後の沖縄はアメリカがつくった

第三章　沖縄に忍び寄る覇権国家・中国の魔の手

第四章　裏切りの県民性の闇

第五章

沖縄と日本を売る職業・左翼の闇

第六章

沖縄を取り戻す解決策

第一章

基地問題の闇

沖縄県民の多くは米軍基地に好感を持っている

渡邉　本書では、実際に沖縄で生まれ、生活している惠先生に沖縄の闇（やみ）というテーマでお話しいただいて、私はおもに経済の側面から沖縄というものを分析したいと思います。そこでまずおうかがいしたいのは、米軍基地問題についてです。

米軍基地の周りで辺野古（へのこ）移設反対派が大騒ぎしているニュースはよく目にしますが、素朴な疑問として、実際に米軍基地があることに対して、沖縄県民はどのように思っているのでしょうか。

そもそも反基地運動をやっているのは、日本本土から来た極左勢力が主体となっているといわれています。沖縄に住む地域住民の意思とは乖離（かいり）している面も指摘されていますが、実際はいかがでしょうか？

惠　じつは、沖縄県民とくに若者は米軍に対して非常にフレンドリーです。たとえば毎年、普天間（ふてんま）基地でフライトライン・フェアが開催されると三万人以上の県民が訪れます。嘉手納（かでな）基地アメリカフェストにはなんと一〇万人が訪れる。このときは来場者の車で道路が大渋滞するほどです。

渡邉　なるほど、沖縄県民がみんな米軍を嫌っていたら、そんな人数が集まるはずはありませんね。

惠　私は普天間基地に隣接する沖縄国際大学で教えていましたが、アメリカに対して非常に好意的な学生が多いですよ。米軍人とのパーティーを企画してくれと女子学生たちにしょっちゅう頼まれました。そのなかに中国人の女子学生もいたものだから、困りましたけどね（笑）。

渡邉　活動家が基地を取り囲んで「出ていけ」と騒ぐ一方、フェスティバルになったら喜んで行く人たちが大勢いる。結局のところ、反基地活動をしているノイジーマイノリティ（うるさい少数派）が活動を大きく見せている、というのが実態なのでしょう。つまり、メディアで報じられているような「沖縄の総意」なんてものは、そもそも存在しないということです。

惠　一部のノイジーマイノリティが騒いでいることが、あたかも沖縄全体の意思であるかのように世界中に発信されている、という構図ですね。

渡邉　それでは、やはり沖縄の人たちも多くは米軍基地を必要だと思っているんですね。

惠　はい、必要だと思っているはずです。もちろん、住んでいる地域によって多少の認識の差はあるかもしれません。中国軍の動きを身近に感じている離島地域の住民は米軍をとくに肯定しています。基地が所在する沖縄本島では少なくとも基地がなくなったら経済的に困る人が多いです。たとえば、二〇一四年に米上院が一万九〇〇〇人のうち司令部要員四〇〇〇人の海兵隊員のグアム移転を承認したとき、地元の投資家たちはみんなショックを受けたのです。家族も含めて高級将校の多くがグアムに行っちゃうわけですからね。

なぜなら、米軍の将校たちに家を貸すと、月三〇万円以上の家賃が国から支払われます。その賃料は市価の三倍以上にあたるのですから。投資物件としても間違いがない。表に出てこない数字も入れての話ですが、基地があるために年間九〇〇〇億円近くも沖縄社会は潤っているという現実があるのです。

したがって、多くの沖縄県民は、生活の場として、雇用の場として、基地のあることを認めています。よくわからないで反対している人もなかにはいるけど、基地がある理由について論理的に説明すれば、多くの人が納得してくれます。

渡邉　これは日本全国、いまのアメリカでも一緒ですが、ノイジーマイノリティの声が大きいから、一般の人の声が届かないわけです。とくに沖縄の人たちの県民性はあまり揉(も)めごとを好まない傾向にあると思うのです。
だけど、そういう声の大きい連中に対して大多数で対抗していかないかぎり、ノイジーマイノリティが世論を支配する構造は変わらないですよね。

沖縄県民は正しい情報に飢えている

惠　そういう声に洗脳されてしまう県民が多いことにも問題はあるのですが、これはある意味仕方がない部分もある。沖縄では、学校教育も地元メディアも極左に偏向しているため、正しい情報がきちんと伝わらないのです。ただ県民だって、本当の情報に飢えているのですよ。

そのことは教え子の学生たちからも強い印象を受けました。私が所属していた沖縄国際大学は革マルの勢力が一番強いのですが、半年間教鞭(きょうべん)をとってみて、学生は情報に飢えていることを痛感しました。やはり、「何かおかしい」と感じている。就職や旅行で本土に行って、「自分たちが教えられたことと、真実とは違うんじゃないか？」という疑問を持ち始めているのです。教壇から、その手ごたえは確かに感じました。

というのは、私の講義を聞くために受講希望者が殺到したのですよ。第一回目の講義はその大学では普通サイズの教室だったのですけど、受講生が入りきれなかったため、学生たちが「先生の講義をぜひ受講したい。次は教室をもっと広いものに代えてください」とまで言ってくれました。これには涙が出ましたよ。学内の最大級の教室を使用しました。

渡邉 なるほど。彼らは普段、正しい情報が得られないんですね。

惠 そうです、韓国と一緒です。日本政府に琉球が滅ぼされた、植民地にされたと教育されてきましたから。

だから私が、沖縄の歴史や県民についての特性や問題点、そして戦後沖縄の多くの問題にアメリカがどう対処してくれたか、その功績もきちんと認めなければフェアではないと教えれば、学生たちはみな感動してくれます。なかには「帰宅して家族が集う夕食時に先生から受けた講議の復習会をしています」という学生もおりました。先達の足跡を学び、感謝する。そのことが今度は自分が社会に貢献するための第一歩である、と考えてくれるのです。これこそが教育の原点ですよ。「おかげさま」という感謝の心と、それに報いるために努力していこうという使命感と社会奉仕の精神、自己犠牲の精神、こういったことをきちんと教えると、学生たちの目が輝いてくるのですね。

エリートの条件は、セルフサクリファイス（自己犠牲）が第一なんだよと教えたいのです。もちろん、学生だけでなく、県民全体に向けた啓蒙（けいもう）活動が必要です。

沖縄に巣食うノイジーマイノリティの正体

渡邉　反基地活動といえば、辛淑玉（シンスゴ）さんが大きな問題になっていました。彼女が共同代表を務める「のりこえねっと」の会議において、彼女は基地反対運動のために「若い子は死んでください、年寄りは嫌がらせをして捕まってください、一日でも一時間でもそこに居座ってどんどん捕まって死んでくれ」という趣旨の発言をしました。

惠　ひどいですね。無政府主義者じゃないですか。県民をバカにしています！

渡邉　これはもう完全に内乱罪とかテロの教唆（きょうさ）なのですが、そういう動画があることを、ひょっとしたら沖縄の人も知らないかもしれない。この辛淑玉の問題動画はインターネットでただいま大拡散中なので、ぜひ観ていただきたいですね。

しかも、語るに落ちるとはこのことで、反基地活動のトップ自ら、この運動は東京から行っている人間が主導しているということを堂々と発言しています。「のりこえねっと」

の公式ホームページに載っていて、社民党の福島瑞穂さんなど大勢が参加しています。その動画は本人たちが流しているのでもう逃げようがない。

恵　確かに、反基地活動をやっているのは本土の極左や在日、それに韓国在住者が主ですから、あれが沖縄県民の総意だと思われては困る。

渡邉　本土の人間のほか、反基地活動にはいわゆる朝鮮系の勢力と新左翼党派の過激派と呼ばれる中核派がかかわっていると国会でも明らかになっています。

しかも、こうした活動には交通費などの名目で日当が出ているようですね。ケント・ギルバートさんが米軍関係者や沖縄在住者から聞いた話として、「最低二万円」という金額を早くから暴露しています。その話を聞いた東京新聞の長谷川幸洋さんが政府内部に取材し、間違いのないことを確認したそうです。

恵　たとえば、聖公会というキリスト教の一派があるのですが、最近まで沖縄に行くときには教団が旅費を負担するとホームページに出ていました。じつはほかにもいろんな左翼の組織が日当まで出しているのですね。だから、内地の人間は左翼団体の金で沖縄に来て、デモに参加して日当をもらい、ただで観光旅行をして帰る。なかには自然保護、ジュゴンを守れといいながら、地元のイルカ料理を食って帰る猛者もいます。

渡邉　この前、あるジャーナリストから沖縄の反基地活動の中核にいるのは、三里塚闘争（新東京国際空港建設反対闘争）で明け渡し命令が出て、そこにいられなくなった連中が沖縄に移住したと聞きました。反対同盟にいた連中が開港後に流れたとか。

恵　そうです。これにはキリスト教団体も絡んでいて、カトリック教会はもともと保守本流だったのですが、最近は福島と沖縄は同一だと結論し、反原発、反沖縄米軍基地をテーマに左翼活動を指導しています。

渡邉　西早稲田のカトリックですね。

　じつは西早稲田二丁目三―一八という住所に〝左翼の巣〟があります。それがすべて建前上はキリスト教の団体ということになっていて有名です。在日外国人の人権委員会、在日大韓基督教会青年会全国協議会、在日韓国人権問題研究所、在日大韓基督教会、外国人住民基本法の制定を求める全国キリスト教連絡協議会、キリスト教女性ネットワーク、女たちの戦争と平和資料館、キリスト教アジア資料センター、国際協力NGOセンター、公益財団法人日本クリスチャン・アカデミー関東活動センター、日本バプテスト同盟、アバコクリエイティブスタジオ、日本キリスト教協議会――これが全部、西早稲田二―三―一八にあることになっている。

これと同じような人権団体を標榜するものが新橋二丁目八‐一六にもあるんです。救援連絡センターといって関連団体として立川自衛隊監視テント村、経産省前テントひろば2・9竪川弾圧救援会、福岡市民救援会、NPO法人監獄人権センター、国賠ネットワーク、横浜生活保護利用者の会、フリーター全般労働組合、社団法人アムネスティ・インターナショナル日本などの団体が、一つの住所に三〇ぐらい入っている。おもに「被逮捕者の救援を通じ、公権力による弾圧に反対する」という活動目標を掲げていますが、日本共産党系の日本国民救援会に対抗しようと結成された新左翼の組織です。

恵　うわ、大変だ。

渡邉　東京都内には登記上の巣と言われるところが三カ所あって、二〇〇ぐらいの不正な「細胞」が一つの住所で活動しているんです。これは韓国系のキリスト教団体が多く、だから韓国の独自の土着宗教のキリスト教なんですね。このような組織が、沖縄の反基地活動に深く関与している。

数字のマジックでマインドコントロール

渡邉　このような反基地活動家が行う常套手段として、数字の誇張があります。たとえば、反基地集会に実際より大勢の人間がいたことにする。

惠　ちょうど一〇年前の二〇〇七年に、「沖縄戦で『集団自決』（集団強制死）に日本軍の介入はなかった」とする文部科学省の教科書検定意見の撤回を求める沖縄県民大会がありました。そのときの集会でも、主催者は一一万八〇〇〇人集まったと誇張して発表しました。実際は二万人もいないのに。

渡邉　航空写真で上空からちゃんと数えた人がいて、ばれちゃった話ですね。

もっとも、基地に関してはこうした左翼や反基地活動家以外にも、誤解を与える情報が多いですね。その根拠とする数字がでたらめだから、すべて議論がおかしな方向に誘導されてしまう。

たとえば沖縄県は、米軍が出ていったら沖縄県民の所得は二倍近くに向上すると、夢物語を前提にしたとんでもないレポートを出しています。基地の跡地がすべて工業用地になり、トヨタとか日産などの大企業が沖縄県に入り、工場を建設。そこでフル生産をして完全雇用を行って、正規雇用と同じ給料を全員に払った場合は確かにそうなるんだけど、まずありえません。

惠　私も、どうしてそういう報告があがっているのか、理解できません。

渡邉　新聞などのマスコミがそれをあたかも事実のように伝えているのが、大きな問題です。新聞にそう書いてあれば、普通の人はそれが正しいと思ってしまう。

惠　観光産業の年間売り上げ一兆一〇〇〇億円と、全軍用地の年間借地料九〇〇億円を比較して、「観光産業の売り上げのほうがはるかに大きい」と強調するから悪質です。

　賃借料のほかにも、米軍基地を受け入れている二一の市町村および県への政府からのさまざまな補助金、米軍兵士やその家族による経済効果、米軍基地に雇用される約九〇〇〇人の県民の所得などを合わせれば、基地関連の経済効果は目に見えるだけでも総額九〇〇〇億円以上になります。これは沖縄県民収入の二一％強を占めます（ただし県は五％と表現）。

渡邉　基地関連は観光以上に波及効果がありますからね。観光業というのは水商売で、天候などに大きく左右されます。ただでさえ沖縄は台風が多い。その点、基地はよくも悪くもずっといてくれるわけで、一定の収益が上がる。安定感が全然違います。

ちなみに、米軍将兵というのは、沖縄にどれほどいるんですか？

惠　家族も含めて、約五万人です。

渡邉　それに対して、外国人観光客は一六年度で二〇八万二一〇〇人。そのうち中国人（台湾人）が約四五万人で、米兵とどちらが犯罪率が高いかというと、おそらく観光客の中国人のほうが高いと思うんですが。

惠　観光客は麻薬の密輸などで検挙はされていますが、さほど犯罪を犯していません。犯罪率では、県民のほうが高いですよ。ただ最近、旅行や留学で来県した中国人が不法滞在するようになっており、その数が急増しているのです。近い将来、社会問題になる恐れがあります。

渡邉　とすれば、米兵が犯罪をしたと騒ぐけれども、きちんと統制された米兵と、得体のしれない外国人とどちらが安全だという問題ですね。重要なのは犯罪率ですから、単純な数だけ並べるという比較自体がおかしい。すごく歪（ゆが）んだ議論が行われています。

島田懇談会と岡本行夫氏の大罪

渡邉　数字のマジックといえば、沖縄県に日本全国の米軍基地の七四％が集中しているというのもそうですね。それは「沖縄米軍専用施設」であって、自衛隊と併用施設も含めれば、二二・五％ですよね。

恵　そうです。七四％は現在、外交評論家の岡本行夫さんが言い出したフレーズなのです。一九九六（平成八）年八月二十日、梶山静六官房長官（当時）の私的諮問機関として「沖縄米軍基地所在市町村に関する懇談会（島田懇談会）」が設置されました。たてまえは沖縄の米軍基地所在市町村の活性化に向けた取り組みについて検討するとしていたのですが、座長の島田晴雄氏（慶応大学教授／当時）とか岡本行夫氏（内閣総理大臣補佐官・沖縄担当／当時）などが、「われこそが沖縄の最大理解者である」と左翼側におもねていましたね。岡本さんなんかは「米軍専用施設の七四％が沖縄に集中しているから、沖縄県民の言うことを聞いてもいいんじゃないか」と言ったのですよ。この数字はいまなお、翁長知事が引用してます。

日本における米軍基地地図

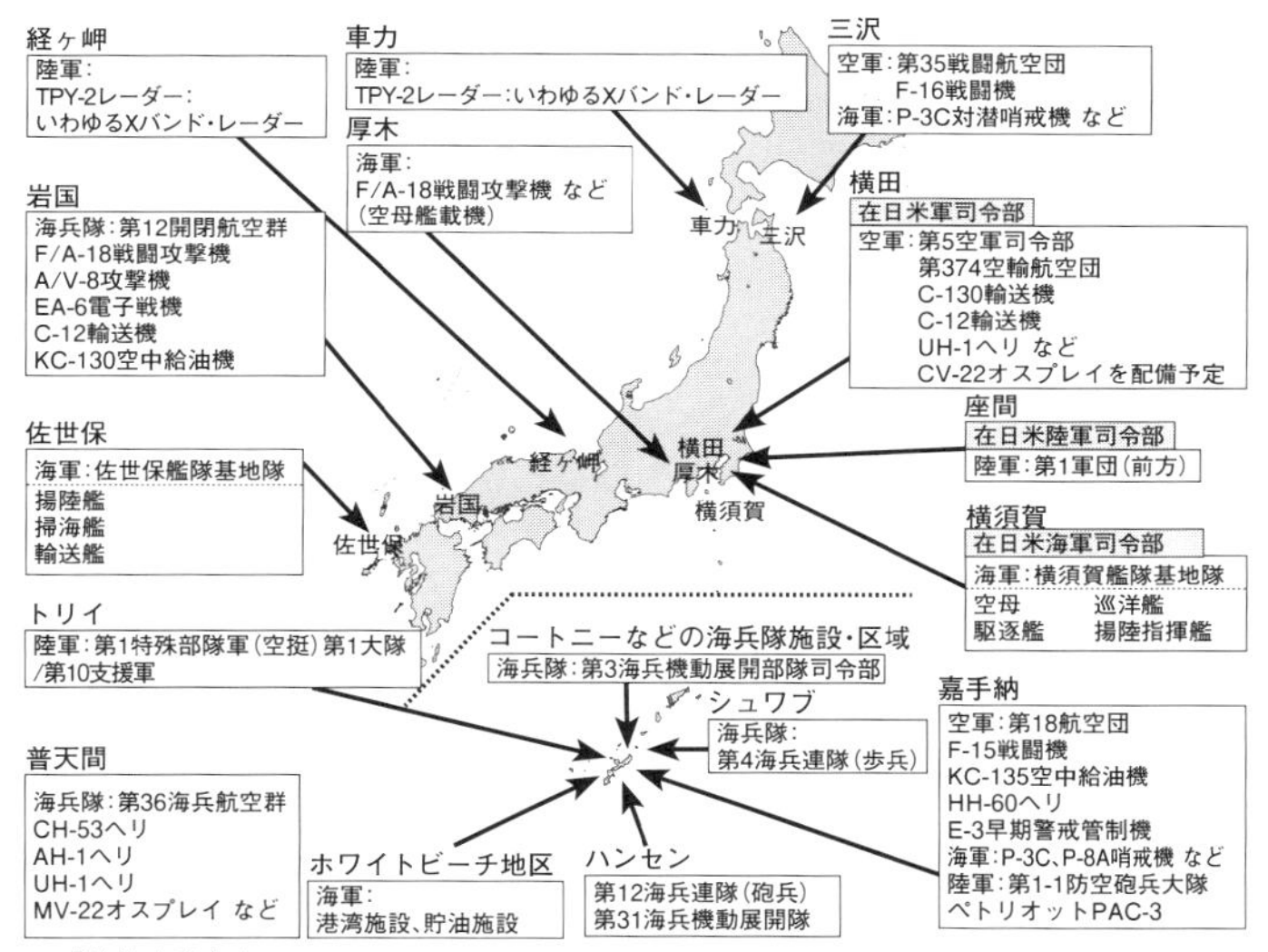

※「防衛白書」より

沖縄米軍基地の地図

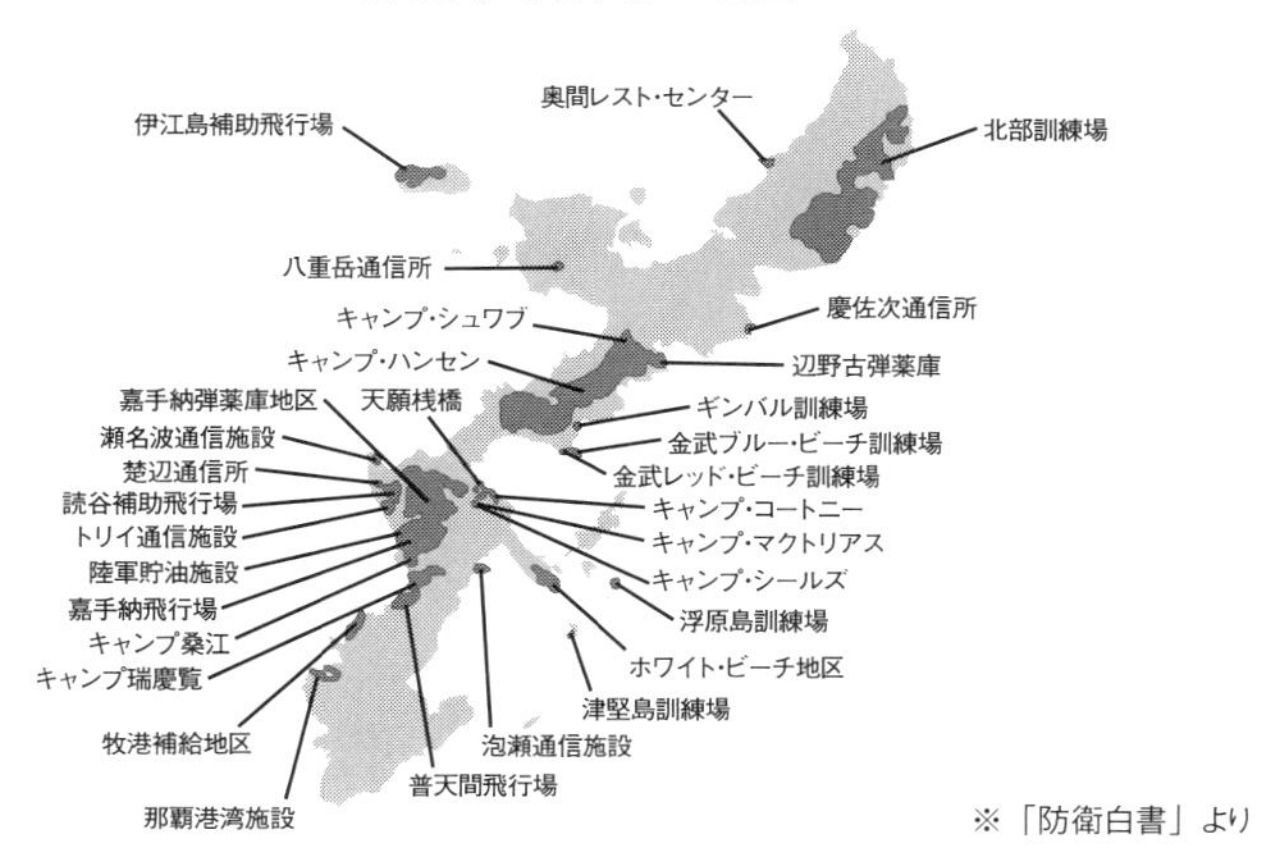

※「防衛白書」より

一方、岡本さんは官邸内で「海兵隊が沖縄から撤退すれば沖縄基地問題は解決するから、いまからワシントンに行って交渉してくる」と発言した。さすがに梶山官房長官が「バカもん！」と怒鳴った。そんなことをしたら朝鮮半島で戦争が起きるぞと言って彼を止めたそうですよ（当時の内閣官僚の証言）。

癒着する内閣府と沖縄県

渡邉　反基地活動を動かしているものが何かを明確化しないと、この問題は解決しないと思います。たとえば金秀（かねひで）グループがその典型で、米軍基地の工事を受注しておきながら反基地運動を行ったり、左翼活動家を支援したりしている。国から入ってきたお金が還流する形で、結果的に反基地活動に使われているという悪循環がある。こういうのをきちんと切り分けていかなければなりません。解決策を考えないで文句を言っていても仕方がないですからね。

恵　一番の元凶は沖縄県だけに特例で実施される次年度の予算折衝の仕組みだと思います。県の次年度予算の折衝は各県とも県知事が行っているのですが、沖縄県だけは内閣府が代行する。内閣府が代行するから、県知事は何もしなくていいんですよ。それで年度末近くになってくると、会計検査院の検査をうまく回避する指南役が内閣府から来るのです。

これでは国家財政に対する当事者意識も欠落する。北海道も沖縄に似て、保守と左翼の対立は大きいのですが、予算折衝のさいには一致団結するのです。

渡邉　それは大きなスキャンダルですね。

恵　一種の逆差別ですね。ちなみに、翁長雄志知事は一方ではそういう官僚の掟(おきて)を知らないから、中央官僚から「非常識だ」と言われているのですけどね。

前知事の仲井眞弘多(なかいまひろかず)さんは通産省の官僚出身だから、訪ねてきた主要な役人またはOBには封筒にお金を入れて渡していた。その額が半端じゃないのです。沖縄振興に関するレポート作成費用という名目にして、数百万を渡していたという関係者の証言もある。一回につきそれだけもらえるから、役人は沖縄にマンションを買ったり遊興費にあてたりしていたのです。

渡邉　その役人は内閣府のどこの部局ですか？

恵　沖縄担当部局です。

渡邉　その役人に対して還流されている可能性が高いということですか？

惠　いや可能性ではなく、私はそれを目の前で目撃した人間から直接聞きましたから。「仲井眞さんは常識派だ」とホメるんです。なぜかというと、ちゃんと沖縄振興開発研究費という名目で封筒に現金を入れて渡しているからだという。その方は自分ももらったとはっきり言っていましたよ。

渡邉　要は、汚職が行われていたということですね。

惠　本来は汚職と言うべきなんですが、研究開発費、沖縄振興開発レポート作成のための経費という名目でまかり通っていたのです。あえて沖縄を特殊地域にして法の抜け穴をつくっている。

渡邉　沖縄総合事務局と沖縄県がある意味、癒着(ゆちゃく)関係にあるということですね。役人に対してお金が配られているのですね。

惠　そうです。とくに保守県政下でですね。もちろん、なかにはまじめな官僚もいるとは思いますがね……。

渡邉　それは明確な汚職事件になると思うんですが。

惠　まあ、沖縄は基地問題で荒れているので、法令の適用が甘いのです。私が地元の銀行に在職していた当時は大蔵省の銀行局や日銀が検査に来ましたけど、みんな観光気分でしたよ。自分の妻子はあとで別の飛行機で来るようにして、検査が終わったら沖縄で休暇をとってリゾートや米軍基地内のクラブに行く。そんな意識だから検査もいい加減なものでした。

佐藤内閣から始まった沖縄利権が左翼を呼ぶ

惠　沖縄は一九七二（昭和四十七）年五月十五日に日本に復帰したのですが、当時のやみくものバラまきがまずかったと思っています。山中貞則（やまなかさだのり）氏（沖縄開発庁初代長官）が国会で、沖縄戦時に自決された大田實（おおたみのる）海軍中将の海軍次官にあてた最期の電文「沖縄県民かく戦えり、後世特別の御高配賜わらんことを」を読み上げた。これを受けて佐藤栄作（さとうえいさく）総理（当時）が「県民の労苦に報いるため、金で解決できることは最大限行う」と言った。以降、佐藤内閣が雨あられのごとく財政支援をしたでしょう。そのうち、沖縄には特殊利権がいっぱいできた。そこに左翼が入ってきて、おかしくなった。

渡邉　要は、必要以上の予算があって、中抜きをする構造ができてしまった。それが、右左関係なく利権の巣窟（そうくつ）となって、やがて反基地活動にも使われだし、間違った循環経済が

大田實中将が1945年6月6日に海軍次官に送った電文（現代訳）

発 沖縄根拠地隊司令官
宛 海軍次官

沖縄県民の実情に関して、権限上は県知事が報告すべき事項であるが、県はすでに通信手段を失っており、第32軍司令部もまたそのような余裕はないと思われる。県知事から海軍司令部宛に依頼があったわけではないが、現状をこのまま見過ごすことはとてもできないので、知事に代わって緊急にお知らせ申し上げる。

沖縄本島に敵が攻撃を開始して以降、陸海軍は防衛戦に専念し、県民のことに関してはほとんど顧みることができなかった。にもかかわらず、私が知る限り、県民は青年・壮年が全員残らず防衛召集に進んで応募した。残された老人・子供・女は頼る者がなくなったため自分達だけで、しかも相次ぐ敵の砲爆撃に家屋と財産を全て焼かれてしまってただ着の身着のままで、軍の作戦の邪魔にならないような場所の狭い防空壕に避難し、辛うじて砲爆撃を避けつつも風雨に曝されながら窮乏した生活に甘んじ続けている。

しかも若い女性は率先して軍に身を捧げ、看護婦や炊事婦はもちろん、砲弾運び、挺身斬り込み隊にすら申し出る者までいる。

どうせ敵が来たら、老人子供は殺されるだろうし、女は敵の領土に連れ去られて毒牙にかけられるのだろうからと、生きながらに離別を決意し、娘を軍営の門のところに捨てる親もある。

看護婦に至っては、軍の移動の際に衛生兵が置き去りにした頼れる者のない重傷者の看護を続けている。その様子は非常に真面目で、とても一時の感情に駆られただけとは思えない。

さらに、軍の作戦が大きく変わると、その夜の内に遥かに遠く離れた地域へ移転することを命じられ、輸送手段を持たない人達は文句も言わず雨の中を歩いて移動している。

つまるところ、陸海軍の部隊が沖縄に進駐して以来、終始一貫して勤労奉仕や物資節約を強要されたにもかかわらず、（一部に悪評が無いわけではないが、）ただひたすら日本人としてのご奉公の念を胸に抱きつつ、遂に……（判読不能）与えることがないまま、沖縄島はこの戦闘の結末と運命を共にして草木の一本も残らないほどの焦土と化そうとしている。

食糧はもう6月一杯しかもたない状況であるという。

沖縄県民はこのように戦い抜いた。

県民に対し、後程、特別のご配慮を頂きたくお願いする。

生まれてしまったという流れです。この問題はそう考えると難しいですね。

惠　とにかく、基地反対ということで騒ぐと無制限に政府から金が落ちてくる。一九九六（平成八）年の「島田懇」以降はすさまじいですね。まるで打ち出の小槌（こづち）です。

渡邉　沖縄の予算というのは、沖縄返還当時の政府自民党がいわゆる「基地を極力減らしていく」「日本とほぼ同水準まで生活レベルを上げる」という方針に沿って、北海道・沖縄開発庁などで開発予算がついたうえに、さらに基地予算という形の「三階建て」に事実上なっているわけですよね。

惠　これはもっと正確に言うと、一九九五（平成七）年の米兵による少女暴行事件を機に、赤ちゃん返りしてしまったのです。一九九四（平成六）年あたりから、沖縄のインフラも整ってきたから、他府県並みの処遇にしようと政府部内では意見が出始めていたのですが、少女暴行事件が発生し、焦った橋本龍太郎（はしもとりゅうたろう）政権（当時）が再度沖縄に雨あられのごとく金をばらまいた。

　ですから、こうしたことの原因を突き詰めれば、佐藤・ニクソンの会談にまでさかのぼります。この会談で沖縄復帰が決まるや否や、沖縄財界は復帰に反対し始めた。沖縄の復帰運動をそれまでに主導していた沖縄の左翼団体も、「基地全面撤去じゃないと飲めない」

沖縄返還にともなうプロセス

1951（昭和26）年9月	サンフランシスコ講和条約で、沖縄はアメリカの施政権下に置かれる。1952（昭和27）年4月に発効。そこでアメリカは、「行政主席」を行政の長とする琉球政府を置き、公選の議員で構成される立法機関「立法院」を設けるなど一定の自治を認めたが、最終的な意思決定権はアメリカが握った。
1960（昭和35）年	沖縄県祖国復帰協議会（復帰協）を結成。ジョン・F・ケネディ大統領、リンドン・B・ジョンソン大統領はエドウィン・O・ライシャワー駐日大使などによる助言を受けたにもかかわらず、沖縄返還をまったく考慮しなかった。
1965（昭和40）年4月	那覇市で開かれた祖国復帰を目指す集会には8万人が集結。
1968（昭和43）年11月	琉球政府の行政主席選挙が行われ、90パーセント近い投票率を記録。この選挙によって復帰協の屋良朝苗が当選、「即時無条件全面返還」を訴えた。
1969（昭和44）年11月	沖縄返還交渉を決定づける、佐藤とニクソンの日米首脳会談。ニクソンが安保延長と引き換えに沖縄返還を約束し、これに基づき1971（昭和46）年6月17日に沖縄返還協定が締結。協定の正式名称は「琉球諸島及び大東諸島に関する日本国とアメリカ合衆国との間の協定」。ただしアメリカ軍基地を縮小せず維持したままの「72年・核抜き・本土並み」の復帰が決定。
1970（昭和45）年12月	沖縄本島中部のコザ市（現・沖縄市）で、アメリカ軍兵士が連続して起こした2件の交通事故を契機にコザ暴動が発生。
1972（昭和47）年5月15日	復帰。日本政府は返還協定第7条に基づき、特別支出金として総額3億2000万ドルをアメリカに支払った。特別支出金の内訳は、米軍政下で設置された琉球水道公社・琉球電力公社・琉球開発金融公社のほか、那覇空港施設・琉球政府庁舎、あるいは航空保安施設、航路標識などの民生用資産の引き継ぎの代金1億7500万ドルが含まれた。
1972（昭和47）年6月25日	沖縄の復帰に伴う特別措置に関する法律に基づいて沖縄県議会選挙が行われた。また、他の46都道府県同様に沖縄県庁や沖縄県警のほか、各自衛隊（航空自衛隊・海上自衛隊・陸上自衛隊）なども置かれた。
1973（昭和48）年	日本への復帰を記念して若夏国体開催。
1975（昭和50）年	沖縄国際海洋博覧会が開催。
1978（昭和53）年7月	本土同様の道路交通法が適用され、車両の通行が左側通行に切り替えられた。

と反対運動に転じたものだから、首相官邸は慌てたんですよ。日米関係にくさびを打ち込まれかねないということで、沖縄財界にはとりあえず法人税の大幅減免とか特別措置法（時限立法）とかでカバーした。それぞれの期限が到来する頃、つまり本土並みの処遇にできるというときに少女暴行事件が発生し、またそのタイミングを逸することになってしまった。

渡邉　たしか二〇〇〇年七月の沖縄サミットに合わせて、沖縄振興交付金といって一七〇〇億円ぐらい特別予算がついていたと思うんですよね。基地対策ということで、普天間を中心とした基地がなくなるところに仕事をつくる。そして基地が移転する先に防音工事などの設備投資を行うという内容です。この二本立てで市町村にすでにお金が出ていたのに、鳩山由紀夫さんはじめ民主党の議員たちが入っていって、金は出すけれども基地は移転しないでいいというような間違ったアナウンスメントをしてしまった。結果的にそれが二〇〇九年の総選挙の民主党勝利にもつながったのですが、ここでもまた、惠先生がおっしゃるように赤ちゃん返りしちゃったのだと思います。

惠　そうです。まさに負のスパイラルです。

渡邉　たとえば思いやり予算という言葉がありますけども、あれは米軍基地で雇われる沖

平成29年度沖縄振興予算　総額3150億円！

沖縄産業イノベーション創出事業	**10.6億円**	沖縄への企業誘致、国際物流拠点を活用した先進的なものづくり産業等の創出、生産性を向上させる産業人材の育成等を通じ、産業イノベーションの創出を図る。
沖縄離島活性化推進事業	10.8億円	厳しい自然的社会的条件に置かれている沖縄の離島市町村の先導的な事業を支援。
沖縄子供の貧困緊急対策事業	**11.0億円**	特に深刻な沖縄の子供の貧困に関する状況を踏まえ、市町村等が支援員の配置及び居場所の運営支援を行う事業を、モデル的・集中的に実施。
公共事業関係費等	1,429億円	※那覇空港滑走路増設事業を含む 小禄道路、那覇港・石垣港・平良港・本部港における旅客船ターミナル、那覇空港など産業・観光の発展を支える道路や港湾、空港、農業振興のために必要な生産基盤などの社会資本の整備、学校施設の耐震化や災害に強い県土づくりなどを実施。那覇空港滑走路増設事業330億円。那覇空港は、国内外の観光客の受入れや国際物流拠点の形成のために重要な拠点空港。那覇空港滑走路増設事業については、平成26年1月に既に着工しており、平成31年度末の供用開始に向け、引き続き事業を進める。
沖縄振興一括交付金	**1,358億円**	沖縄県が自主的な選択に基づいて事業を実施できる一括交付金は、平成24年度に創設されて以来、観光や産業の振興、離島振興や福祉など幅広い分野に活用。
沖縄科学技術大学院大学	167億円	沖縄の振興及び自立的発展と世界の科学技術の発展に寄与することを目的とし、平成24年9月に開学。世界中から研究者や学生等が集まり、世界最高水準の科学技術に関する研究や教育を行う。
交通環境イノベーション事業推進調査	**3.0億円**	沖縄の深刻な交通渋滞への取組の一環として、自家用車に過度に依存しない、住民にも観光客にも利用しやすくかつ魅力的な交通環境の創造に向け、自動運転などの最先端技術も活用した戦略的な展開を図るための調査を実施。
駐留軍用地跡地利用の推進	12.5億円	平成27年3月31日に返還された西普天間住宅地区跡地における国際医療拠点構想の具体化に向けた取組や、拠点返還地跡地利用推進のための交付金などによる駐留軍用地の跡地利用の推進。
跡地利用特措法の概要北部振興事業	**25.7億円**	県土の均衡ある発展を図るため、北部地域の連携促進と自立的発展の条件整備として、産業振興や定住条件の整備等を行う北部振興事業を実施。
鉄軌道等導入課題詳細調査	1.5億円	鉄軌道等に関し、これまでの調査で抽出された諸課題を踏まえ、支線を含めたモデルルートや概算事業費、道路交通量への影響等について精査するとともに、制度面などに関して、詳細調査。
沖縄・地域安全パトロール隊	**8.7億円**	沖縄の犯罪を抑止し、沖縄県民の安全・安心を確保するため、青色パトカーを使用した車両100台規模の防犯パトロールを実施。
防犯灯・防犯カメラ等緊急整備事業	14.8億円	平成29年度に限って、沖縄県内の市町村等（広域事務組合等も含む）が防犯灯・街路灯、防犯カメラを設置する際に、国が補助する。

出典　内閣官房内閣広報室

縄県人に対する給料補助の面もあるわけです。沖縄県人を地元で雇用するにあたって、日本の公務員の平均給与とアメリカから安い低賃金の使用人を連れてくる差額を日本政府が実質負担する措置です。そういうものまで含めてかなり手厚い支援があるんですが、お話をうかがっていると、逆にこの手厚い支援がよくないという面があるわけですね。

基地があるからいくらでも金はとれる？

渡邉　沖縄の政・官・財の上の人たちが、完全に癒着していて、基地をどうやって食い物にするか、ということだけに血道をあげている現状がよくわかりました。

惠　いまはもうリタイアしましたけど、尾身幸次（おみこうじ）という群馬県選出の元衆議院議員がいます。二〇〇一（平成十三）年十一月に、彼が小泉（こいずみ）内閣の沖縄および北方対策担当大臣として沖縄に来て、「沖縄は基地があるからいくらでも金を取れる」と強調しながら大学院大学建設の気運をつくりました。そして一方では地元建設業者にパーティー券を売りつけ、沖縄科学技術大学院大学をつくりました。その間、地元秘書がパーティー券の売り上げを持ち逃げする事件も起きました。彼は現在、同大学院学園理事を務めています。同大学に

沖縄科学技術大学院大学（内閣府ホームページより）

過去一二年間に投じられた国費はなんと一五七一億円にも達します。もちろん、これは東大よりも予算を消費しております。

渡邉　異常ですよね。尾身幸次さんというのは通産省出身で経企庁長官や財務大臣を歴任しています。

恵　山分けしているわけですよ、一部の連中が。建物も不必要にデラックスで相当高級な資材が使用されている。他府県では考えられないでしょう。たとえば尾身氏が神奈川県で同様なことをしたら、地元選出の代議士や県知事は納得しますかね。

渡邉　沖縄だけでなく、日本政府も悪いし役人も問題ですね。利権の塊ということでは、北海道とよく似ています。

恵 そうですね。少女暴行事件のあと、橋本龍太郎総理(当時)が沖縄県民の苦労に報いるということで前述した島田懇談会ができて、基地所在市町村に振興事業費として一年間に一〇〇億円、一〇年間で一〇〇〇億円を投入すると提言した。しかし、在市町村が明確なビジョンを打ち出しきれなかったのに目をつけたのが、尾身幸次です。国からの助成金を一手に大学院大学に集中させたのです。しかもそこで研究しているのは海洋研究というわけのわからない代物です。開校初年度の日本人学生はたった五人しかいません。

渡邉 大学院大学は大学院しかない大学だから、研究者しかいない。本当に地域振興に役立つことをやると、分配者が多くなってしまうので、お金を中抜きすることができない。だから海洋研究というよくわからないもののほうが、多く中抜きすることができるわけです。

琉球銀行の自作自演に見る甘えの構造

恵 私が琉球銀行に就職していたのは一九八七(昭和六十二)年から一九九九(平成十一)年まで約一二年間でした。そもそも琉球銀行は、アメリカ政府が六〇%出資してつくった米国統治時代の一種の中央銀行でした。バンク・オブ・アメリカなどの外銀との競争にさらされ、設立当初はアメリカ政府が厳格に管理していたこともあって本土地銀上位行に劣らぬ経営内容を確立していました。ところが日本復帰以降、甘々な経営に転落していったのです。原因は大蔵省銀行局が国内銀行に通達を出して、沖縄への進出を禁止したことにありました。加えて外銀も撤退し、同行一強体制となっていったのです。

沖縄では一九八七（昭和六十二）年から一九八九（平成元）年にかけて、土地バブルが発生したのです。そのときに琉球銀行は関連会社まで使ってそれに直接投資したため、債務超過に陥ってしまった。当時会長だったS氏は六億円の退職金をもらって辞職、その直後に国から六〇〇億円の公的資金を入れて何とか銀行本体を存続させたのです。

当時、同行の融資先で倒産する企業が続出しており、自殺する経営者が出たほどです。しかしいまでもミステリアスだったことは同行自体が「経営は健全であり、経営不安説は悪質な流言である」と公言し、「風評被害の火元を刑事告訴する」とM頭取自ら記者会見したのです。沖縄県警は捜査をしましたが、当然、犯人は特定できませんでした。

一方、株主総会では株主がS会長の高額退職金への意見や質問をしようとすると、一般株主に扮（ふん）した行員たちが大声で「異議なし！」「議事進行！」と叫んで総会を強行したのです。

S氏は沖縄経済同友会会長と県公安委員長を兼任していた関係で、県内では絶対的な権力を持っていました。スケープゴートにされた一部赤字取引先は警察から尋問を受けたほどでした。そういうふうに時間稼ぎをしながら公的資金を入れて同行は急場をしのいだのです。

しかもいよいよ公的資金導入が決定した一九九九（平成十一）年、今度はM頭取が記者会見で「公的資金導入は健全行の証し」と開き直ったから、他の地元行の役員たちが怒った。「自分たちは公的資金に頼らず健全経営しているのに何を言うか」と怒り心頭に発したのです。このように沖縄には「沖縄無罪」というのがさまざまなところにあるのです。日頃、基地問題では大騒ぎする地元紙も銀行から融資を受けているので、何も論評しなかったのです。

同じ時期に同行支店長が女子中学生をレイプする事件を起こしていますが、同行は新聞社に頼んで銀行名と犯人名を隠蔽（いんぺい）したのです。当時政府は基地問題で混乱している沖縄で金融危機が起これば、それこそ収拾不能に陥るとして琉銀の倒産を回避させたのです。

その後M頭取は会長に就任し、後任に子飼いのOを頭取に指名しました。このOは部下から「琉銀の金正日」と呼ばれるほどワンマンで、「経営刷新」を具申する役員を全員関連会社へ追放しました。現在、同行の株価は、後発地銀の三分の一まで下落しています。

沖縄の財閥

渡邉　沖縄にはいわゆる財閥って存在するんですか？

恵　國場組とか金秀建設等の財閥はあります。國場組というのは、戦前は帝国陸軍の飛行場建築で一儲けして、戦後はまた米軍の基地工事で大儲けした企業です。これが沖縄の土建業界のドンです。創始者の國場幸太郎氏をはじめ、歴代の経営者はしっかりとした国家ビジョンを持っています。

渡邉　金秀建設は建設業・鉄工業から始まってスーパーやガソリンスタンド、ゴルフ場まで経営する金秀グループですね。あとはデパートなどの流通業が中心のリウボウグループでしょうか。同じ流通の三越と山形屋はなくなったのですよね。

恵　そうです。

渡邉　昔、ダイエーの中内㓛さんの本を読んだことがあって、沖縄でぼろ儲けした話が出ていました。本土返還まえにオーストラリア産の小牛を沖縄で大量に肥育し、それをダイエーが輸入する。沖縄の貿易には特別措置で関税がなかったから、ダイエーが沖縄から輸入する牛の値段は格安だったわけです。他の和牛が一〇〇円で売っていたのを三五円くらいで販売したから売れに売れた。

惠　石垣牛ですね。しかも大儲けした金で土地投資したんです。

渡邉　沖縄においては、ダイエーはデパート扱いされていたんですね、スーパーじゃなくて。

惠　そうなんですよ。傑作だったのは、ダイエーが進出してきたときには、地元零細企業の小売店が倒産するということで反対運動が起きた。ところがダイエーが経営危機に陥り撤退するというときには、今度は撤退反対運動が起きたんですよ。これが沖縄県民の空気ですよ。

沖縄を特別扱いすることの害悪

惠　二・二八事件（一九四七年二月から三月にかけて台湾で起こった、国民党政権への抗議やデモに対する武力弾圧事件）で沖縄に亡命してきた台湾の人が、反基地運動している連中を見て、あんなものはピクニックしているようなものだ、と言いましたよ。台湾で同じことをしたら一晩で消された、と。それくらい台湾での圧政はすさまじかった。

沖縄は要は甘えているのです。本人たちにその自覚があるかどうかは別ですが。だから、沖縄を無用に特別扱いする日本政府の体質は、いい加減、改めないといけない。

一例を挙げると、復帰後の特例である酒造会社の法人税の大幅減免がいまだに続いています（三五％、ビール会社は二〇％）。そうした恩恵を受けた酒造会社Aは創業者ら四人に役員報酬計約一二億円超、創業者の退職金として六億円超を支給しました。国税庁が追徴課税しようとしたら法廷闘争になって、退職金の六億は妥当だと判断されましたが。しかしながら、法人税を減免した挙句に、このような莫大な金が動くのを座視していいのか、はなはだ疑問です。ちなみに、この酒造会社は、今度は老健施設をつくって、また国から補助金をもらっているのです。

渡邉　これは「国からお金を引っ張ってこれる政治家が優秀なんだ」という歪んだ価値観が、政治家にも有権者にもあるからなんでしょうね。また、中国や韓国からの支援、左翼団体の活動と、さまざまなものが渾然（こんぜん）一体となっている。

惠　しかし、根底にある原因は、やはり国だと思います。反対されたり騒がれたら、とにかく補助金でおさめようとする「ことなかれ体質」です。補助金がばらまかれなければ、左翼もこんなに寄ってこないのですよ。

渡邉　彼らは金目当ての「自称左翼」「自称共産主義者」ですからね。本当に共産主義を信奉しているのではなく、中国共産党やソビエトのように、一部の特権階級に権力を集中するための方便にすぎない。

惠　基地問題にしても、私はメディアはどうしてこの件を追求しないかと不満に思っています。沖縄県および北部市町村は普天間基地県内移設を前提に国からすでに一二〇〇億円受給しています。いうまでもなく、これは国民の血税です。この事実を一言、メディアが報道してくれれば、国民だって「すでに金をもらっていながら何言っているんだ、この連中は」と思うのでしょう。それなのにメディアは沖縄県民はいかにも被抑圧民族で、差別されているかのように報じています。そこで国民は沖縄問題を批判しづらくなる。こうして全国の左翼が沖縄を主戦場にするのです。

私は日頃、国民に論稿を通じてですが、沖縄に対してやみくもにお金をばらまくことはやめたほうがいいと毎度も申し上げています。故梶山静六氏が官房長官のときには直訴しました。「こんなに基地反対運動家に金をばらまくと、沖縄の基地政策は破綻しますよ」と申し上げた。そうしたら、梶山さんは、「君の言っている話もわからんでもないけど、仕方ないんだ」とおっしゃいました。

結果として、これが後世に大きな禍根を残してしまったのです。それなら「基地反対」と言えば金はいくらでももらえるんだなと、バカでも思うじゃないですか。

渡邉 なるほど。諸悪の根源は補助金だということですね。

恵 甘やかすから、さらに人間が卑しくなる。私が琉球銀行に入社したときは、地元財界は基地との共存を基本としていて、防衛庁自衛隊出身の私が論文を地元紙に投稿すると、役員や取引先から称賛されたものです。それが島田懇が答申を出して以来、「基地イコール悪」となり、私は四面楚歌状態に陥りました。普天間の爆音訴訟を最初に起こした連中は一人九〇万円ぐらいもらっています。いま第三次訴訟までいって、他所に住んでいた人もあとからどんどん普天間に移ってきて訴訟に加わり、見舞金をもらっているのです。

渡邉 それは問題だ。絶対に正さなきゃいけませんね。

恵 私が勤務していた沖縄国際大学も同様で、普天間基地が建設されたあとにわざわざ基地に隣接させて、大学をつくった。そして現在、防衛局から防音設備を名目に一七億円以上の国費をもらっているのです。

基地反対派は米軍が沖縄から撤退しないと知っている

渡邉　もう一つ、基地の議論でおかしいと思うのは、基地反対派は、米軍がアメリカの国益のために絶対に撤退しないということをわかったうえで、つまり確信犯的に米軍撤退運動をやっていることです。

しかしそのことはみな気づき始めていて、アメリカもよく理解している。遠からぬうちにメディアでもそれを指摘する人は出てくるのではないかと、私は踏んでいます。じっさい、韓国に対してアメリカはすでに米軍を撤退させると明確に言っていましたからね。沖縄だって他人ごとではなく、元米国国連大使のジョン・ボルトンは在沖縄米軍の一部を台湾に移転せよと言っています。これは沖縄に対するけん制でしょう。

だから、基地がなくなったらどうなるかということを、安全保障の観点からも経済事情からもきちんと足元から見つめ直さないといけない。

ところが、もし沖縄から米軍基地がなくなったらという前提で誰も語ってないし、誰もなくなったあとの話をしないじゃないですか。要するに反対派はアメリカにも日本政府にも甘えているだけなんですね。

台湾に再び米軍基地を復活させるということになった場合は、一気に沖縄の価値が暴落します。

惠　ただ複雑なのは、台湾国民党は蔣介石の頃から琉球の支配権を一貫して主張していることです。そこに新たな領土問題が発生してくると思います。

渡邉　尖閣の領有権も台湾ともめていますからね。現台湾政権は民進党なので問題が少なく済んではいますが。ただ沖縄と台湾の問題があるとしても、米軍はもっと俯瞰した世界戦略的な枠組みのなかで動いています。ですから、沖縄の米軍基地というのは沖縄防衛だけでなく、アジア全体、東・南シナ海や朝鮮半島を含む安全保障のためにあるわけで、単に沖縄だけの問題ではないと思うのです。

沖縄の地政学的な優位性

惠　当初は日本の再軍備を阻止するというのが目的だった沖縄の基地ですが、現在におい

中国から見た沖縄・太平洋に蓋をする日本

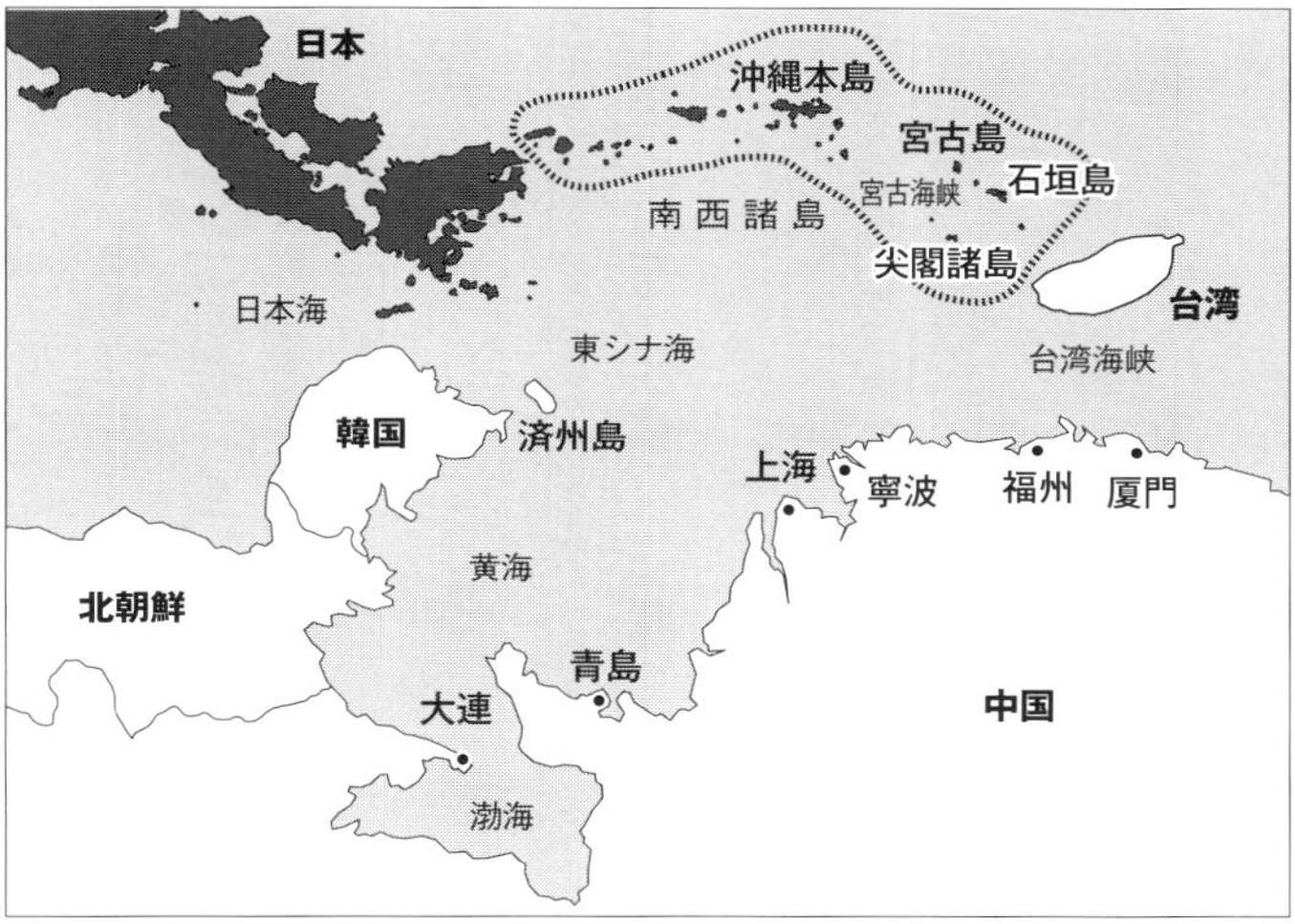

出典：『迫りくる沖縄危機』惠隆之介著（幻冬舎ルネッサンス新書）

ては、地政学的優位性がさらにクローズアップされています。沖縄は朝鮮半島、台湾海峡、南シナ海、そしてシーレーン防衛を考えたときに地政学上重要な位置にあるうえ、本島中南部の形状が平坦で空母のような形をしているものだから、基地を置くには非常に都合がよかったのです。

いまは撤退していますが、台湾にも戦後しばらくは米軍基地がありました。渡邉さんがおっしゃられるように、それがまた復活するかもしれないという話がある。しかし、私は実施までにはいかないと見ています。これから台湾に米軍基地を移転するとなると、さまざまな問題が発生しますよ。

渡邉　中国が猛反発するでしょうし、台湾国内で大変な問題にはなるでしょうね。ただアメリカは中国との軍事衝突も視野に入れているでしょうから、朝鮮半島でも尖閣でも南シナ海でも偶発的な衝突が起きた場合、台湾の軍事基地を米軍との併用基地にする可能性もあるわけです。実際、台湾に対しては武器供与を行ったりすでに動き始めている。

もちろん、いますぐ台湾に基地を移すという話ではないとしても、朝鮮半島情勢が緊迫しているというのに、沖縄が反基地運動にうつつを抜かしていていいのかという話です。

第二章

戦後の沖縄は
アメリカがつくった

「土人」発言は差別的表現ではない

惠　日本の法曹界も、沖縄問題に関しては感傷的になっています。辺野古沖の埋立工事推進をめぐる国と県の法廷闘争でも、最高裁の裁判官が沖縄というところは特殊地域だというような先入観で判決を出していました。沖縄県民には米軍基地の存在と、戦後の米国統治で負担をかけたという贖罪（しょくざい）意識がベースになっているのですね。

渡邉　それこそが差別ですよね。

惠　そう、差別そのものですね。アメリカの統治のおかげで日本の主権が守られ、かつ県民の生活水準が戦前よりはるかに上昇したというような分析はまったくせずに、負担をかけてしまったという誤った感情論だけが先行しているのです。

渡邉　その点は警察も同様です。仮に本州で防衛施設庁の職員を殴ったりすれば、周りにいる仲間全員を連行しますが、沖縄だと手出しができないというような、そういう悪い習慣が是認される風潮があります。

惠　辺野古ゲート前で車両の通行妨害をしても、なかなか逮捕されないのですよ。まさに

「反基地無罪」ですね。

渡邉 差別ということでいえば、ちょっと前、米軍ヘリパッド建設現場付近で、大阪府警の機動隊員が抗議活動をしている人に対して「土人」発言をしたということで、思い切り叩かれました。その件についてどう思われますか？

恵 「土人」表現は最近まで差別用語でもなんでもなかったのです。私は昨年九月、明治天皇侍従北条氏恭子爵（元河内狭山藩主）の沖縄訪問日誌を発見しました。日誌には県民を「土人」と表現していますが、どの角度から見ても差別の片鱗も見られない。むしろ県民を天皇の赤子として慈しんでいることが書面から伝わってきます。

渡邉 本土の人間には絶対に言えませんけどね。でも、そう言われても仕方ない部分は確かにあるんですね。

恵 ただ私が少年の頃一九六〇年代、いまだ住民が裸足で歩いているのを見かけました。戦前は確かに庶民は裸足の生活でした。沖縄に上陸してきた米軍がびっくりしたという話があります。それで大至急、二万足のズックを住民に配給したのです。

渡邉 それは史料か何か残っているんですか。

恵 元米海軍および米軍政府諮詢会委員社会事業部長だった故仲宗根源和氏が記録を残し

ています。米軍は、食料支援の基準を住民一人当たり二〇〇〇キロカロリーの栄養配分で計算していた。内地では飯を食うや食わずだった時代に、沖縄では一般の成人は二〇〇〇キロカロリー、妊産婦に関しては三〇〇〇キロカロリーの計算で食糧を与えた。しかも、「生理用品を配布したいからどれぐらい必要か」と聞かれ、仲宗根氏は「戦前の日本じゃ考えられないことだったからびっくりした」と記録しています。それで、第一回目の輸送船が来たときに、二万足以上のズックが入っていて、沖縄住民に靴を履かせてくれたと。

渡邉　当時、統治下で配給食材というのはパンとミルクですか。

惠　白米、それから肉ですね。戦前、沖縄住民の主食はサツマイモだったのです。富裕層しか白米を食べられなかった。米国統治になって庶民は白米を腹いっぱい食べられるようになったので、「米国世（アメリカユー）」（米国統治時代）を絶賛していました。

渡邉　肉もあったんですか、じゃあ、本土より数段よかったんじゃないですか。

惠　ずっといいですよ。一九六八（昭和四十三）年、私は沖縄から本土の中学校に転校したんですが、そこはカトリックが運営する進学校でした。生徒も裕福な者が多かった。ところが寮では、ビーフが出てくるのはせいぜい一週間に一度あるかないかでした。それにひきかえ沖縄では、私が住んでいた地域は毎日ビーフが食えたのです。

アメリカのおかげで、小麦粉も大量に配布されました。バレーボール大会をするとき、白線をひく石灰がないため、代わりに小麦粉でラインを引いたという記録も残っています。

渡邉　それでは戦争に負けるはずですね。大東亜戦争は明らかに兵站（へいたん）で負けていたんですから。

惠　そんな米軍の統治下にあったというのは、沖縄はすべてにおいてラッキーだったといえるのです。たとえば、タクシー会社を経営したら必ず儲けられた。米兵は料金一ドルのところをチップで二ドル置いていくぐらいでしたから。

渡邉　一ドル三六〇円の時代なので、いまより米ドルの価値が四倍も五倍もあった。さらに本土に持ってくれば五倍、一〇倍で闇ドルが売れた時代ですからね。

惠　米軍統治二七年間の前半というのはまさに天国でした。高級大型外国車が頻繁に走ってね。だから日産の前身のダットサンのタクシーを初めて見たときはあまりにコンパクトでびっくりしました。沖縄ではアメ車が、すごい重量級のシボレーとかフォードとかがいっぱい走っていましたからね。内地から来た観光客が驚いていたのをよく覚えています。

ちなみに、私のいたところである沖縄県の中部では米兵相手の飲み屋が多かったのですが、日本人お断りの看板がありました。日本人はチップを置かないから、売り上げが違うわけですよ。そこへいくと、米兵は二倍以上余計に置いていく。いまと違って当時のアメリカは景気がよかったですからね。一晩に一〇〇〇ドル以上売り上げるスナックはざらでした。いまで言えば一〇〇〇万円ですね。小銭まで教えていたら、夜が明けるのでドル紙幣だけ数えて持ち帰っていたそうです。東京の不動産を買い漁ったスナック経営者もいたほどです。

渡邉 なるほど。史実と、語られている歴史の違いというのがすごく大きいですよね。

教育がおかしいと左翼が育つ

渡邉 日本に返還される前、アメリカ統治下におけるいわゆる学校教材はどういうものだったんですか？　やはり英語だったんですか？

惠 いや、サンフランシスコ講和条約の第三条で、沖縄に関する日本の潜在主権は認められていたから、あくまでも日本語だったのですね。

一九五三（昭和二十八）年にニクソン副大統領夫妻が来日前に沖縄を優先して訪れ、「これから国際化社会を迎えるから、小学校の高学年で放課後の活動として英語の授業をしたらどうか」という提案をしました。そこで米国政府は規定と教員の特別手当てまで制度化したのですが、沖縄の教職員組合が「植民地扱いするのか！」といって反対したのです。皮肉なことに沖縄の子どもたちはいまでも英語の点数が全国ワーストなのです。

アメリカは非常に日本の主権というのを尊重してくれていたのですが、私は逆にもっと強権を発動して徹底的に英語教育を実施していればよかったんじゃないかなと思っています。

というのは、沖縄県民もやればできたのですよ。たとえば、一九五八（昭和三十三）年、本島中部で自ら歩行できないハンディキャップを負った山高原清祥（十歳）という少年がいた。たまたま彼を見たアメリカの慈善団体の役員が提唱して、一年間ハワイの専門病院で手術とリハビリをさせて沖縄に帰還させたんです。彼は自由に歩行できるようになったばかりか一年間で英語をマスターして記者会見を英語で行ったのです。

ところが、沖縄は非常に排他的で頑迷な人間が多いから、新しいものにチャレンジしようとか、受け入れようとはしない。やれ「植民地扱いだ」の、やれ「差別」だとか言って卑屈になるものだから、本当に「土人」（未開人）になってしまうのですね。

最近は東京に出て実績を上げている県出身者たちもいますけれども、やっぱり全般的には競争心に乏しい。それは、小学校のときからのおかしな教育を受けるからです。琉球王国のファンタジー史観に加え、沖縄戦とか米軍基地被害、とくに米軍人軍属によるレイプとかひき逃げだとか毎日、地元では報道されています。これでは、どうしてもネガティブな性格になってしまう。チャレンジ精神がなくなってくるのですね。これが沖縄のがんです。それで社会に対する不満を酒でカバーしようとするのです。沖縄男性の一四%、女性四・六%がアルコール依存症といわれています。

沖縄の公衆衛生に多大な貢献をしたアメリカ

渡邉　先ほど、自分の字も書けなかった人がいたというお話がありましたが、それはいつぐらいまでのことですか？

惠　一九七〇年代までは本土と比べて識字率は非常に低く、年配の女性に文盲（文字の読み書きができないこと）の方が多かった。しかしこれは、戦前の沖縄の県民性に問題があるのです。

戦前の沖縄女性（旧平民階級）は「スレイブ」、はっきり言えば、性奴隷でした。一八八六（明治二十）年に森有礼（ありのり）文部大臣が沖縄に視察に来られた。大臣は沖縄女性の勤労意欲に感嘆し、このような女性たちに高等教育を実施すれば沖縄の近代化は即、達成されると強調しましたが、沖縄県民は男尊女卑の陋習（ろうしゅう）が強くてなかなか実現できなかった。沖縄では、ちょっとでも金に困ると娘をすぐ遊郭に売りました。一九三〇（昭和五）年には大阪朝日新聞（六月十二日付）に批判までされています。

それで、米軍政府は「婦女子の性的奴隷制の禁止」（軍政府布告第一六号・一九四七年・昭和二十二年三月一日）で人身売買を禁止したのです。しかも米軍政府は一九四五（昭和二十）年九月十六日に日本本土よりも七カ月早く女性に参政権を与えています。当時、沖縄の男性たちは「女ごときに参政権か」と猛反対しています。それから女性に高等教育を施したわけですね。この着眼は非常によかったのですが、それに間に合わなかった戦前の人たちが戦後も生存していました。

渡邉 なるほど、それが比較的最近まで文盲の人がいた理由ですね。ほかにもまだ、アメリカが沖縄に対して行ったことはたくさんあるわけですよね。

恵 私の専門分野はアメリカ統治時代の医療行政なのですが、その観点からいうと、アメリカは沖縄住民の自立心を養うことを目的に、公衆衛生看護婦制度を確立して、スーパーナースを育成したのです。いまの日本でいうと特定看護師ですね。彼女たちを各離島、各市町村役場に配置して、住民啓蒙（けいもう）に努めるとともに、琉球政府（いまの沖縄県庁）の看護師国家資格を一年更新制にした。この結果、沖縄の看護婦は必然的に最新の医療、看護スキルを身につけることになりました。日本でもトップクラスのレベルに達していたのです。

じつは、戦前の沖縄県民の平均寿命は四七歳でした。結核や感染症が蔓延（まんえん）し、しかも感染症に罹患したら医者の治療を受けるのではなく、ユタ（民間の霊媒師）に頼っていた。つまり、シャーマニズムに頼ったものだから治るはずもなく、またたく間に地域に感染していった。戦後のアメリカの啓蒙活動により、沖縄が日本に復帰したさいは平均寿命が八七歳という全国最長寿県を達成し、健康保険も六億円の黒字を達成したのです。

このように、アメリカは二七年間の統治時代に、沖縄住民の自立心を育成するような統治を行っていたのに、日本に復帰した途端、沖縄はゆでかえるのようになってしまった。日本の施策自体が補助金のばらまきで「生活保護県」をつくるようなものでした。

たとえば、医師や看護師は、日本では終身資格ですね。これを聞くと、先進国の医療従事者たちはびっくりするのです。アメリカでもイギリスでも、医師の国家資格は五年更新制、看護師は二年更新です。優秀な看護師たちは試験を受ければ医師へ転換もできるので

都道府県別　平均寿命ランキング　平成25年公表

男						女					
ランキング	全国	平均寿命	ランキング	全国	平均寿命	ランキング	全国	平均寿命	ランキング	全国	平均寿命
1	長野	80.88	25	山梨	79.54	1	長野	87.18	25	北海道	86.3
2	滋賀	80.58	26	島根	79.51	2	島根	87.07	26	長崎	86.3
3	福井	80.47	27	新潟	79.47	**3**	**沖縄**	**87.02**	27	鹿児島	86.28
4	熊本	80.29	28	徳島	79.44	4	熊本	86.98	27	山形	86.28
5	神奈川	80.25	29	群馬	79.4	5	新潟	86.96	29	岐阜	86.26
6	京都	80.21	**29**	**沖縄**	**79.4**	6	広島	86.94	30	三重	86.25
7	奈良	80.14	31	福岡	79.3	6	福井	86.94	31	愛知	86.22
8	大分	80.06	32	佐賀	79.28	8	岡山	86.93	31	静岡	86.22
9	山形	79.97	33	鹿児島	79.21	9	大分	86.91	33	徳島	86.21
10	静岡	79.95	34	北海道	79.17	10	富山	86.75	34	千葉	86.2
11	岐阜	79.92	35	愛媛	79.13	10	石川	86.75	35	兵庫	86.14
12	広島	79.91	36	茨城	79.09	12	滋賀	86.69	36	鳥取	86.08
13	千葉	79.88	37	和歌山	79.07	13	山梨	86.65	37	山口	86.07
14	東京	79.82	38	栃木	79.06	13	京都	86.65	38	福島	86.05
15	岡山	79.77	39	山口	79.03	15	神奈川	86.63	39	秋田	85.93
16	香川	79.73	40	鳥取	79.01	16	宮崎	86.61	39	大阪	85.93
17	愛知	79.71	41	大阪	78.99	17	奈良	86.6	41	群馬	85.91
17	石川	79.71	42	高知	78.91	18	佐賀	86.58	42	埼玉	85.88
17	富山	79.71	43	長崎	78.88	19	愛媛	86.54	43	岩手	85.86
20	宮崎	79.7	44	福島	78.84	20	福岡	86.48	44	茨城	85.83
21	三重	79.68	45	岩手	78.53	21	高知	86.47	45	和歌山	85.69
22	宮城	79.65	46	秋田	78.22	22	東京	86.39	46	栃木	85.66
23	埼玉	79.62	47	青森	77.28	22	宮城	86.39	47	青森	85.34
24	兵庫	79.59	平均寿命		79.59	24	香川	86.34	平均寿命		86.35

*平成22年国勢調査による日本人人口（確定数）を基礎資料。　厚生労働省公表
*平成7年、それまで23年間連続で最長寿県を維持してきた沖縄が男性26位に転落（いわゆる26ショック）、平成22年には女性が3位、男性が29位に転落した。以降、男女ともに下降している。

す。日本の看護師は終生、医者の御用聞きにすぎない。医者は医者で、死ぬまで永代免許です。その結果、医療のとくに臨床医療の効率が低下してしまう。
日本復帰後、現在に至るまで県民の健康状態が悪化の一途をたどっている。いま沖縄では成人病の発生率が全国ワースト、メタボも全国最悪という結果が出ています。また寿命もどんどん縮まってきて、男性はいまは全国で三〇位ぐらいになっています。青壮年の死亡率にいたっては全国ワーストなのですよ。

渡邉　そうなんですか。沖縄は長寿県というイメージがすごく強かったんですが、いまはもうひっくり返っちゃったんですね。

惠　米国統治が終わって、公衆衛生看護婦システムも日本の医師法に抵触するとして、一九九七（平成九）年三月に廃止されました。これに伴い、もとに戻ってしまった、ということですね。加えて最近は政府の補助金が拡大するものだから県民が暴飲暴食してしまっています。

感染症が蔓延する島を救った看護学校設立

渡邉　本土でも田舎へ行くと、医専（旧制医学専門学校）出身の九〇歳以上の女医さんがまだご健在だったりします。戦前の制度では女子医専から医者になれたわけで、沖縄には医専はなかったのですか？

惠　台湾にはありましたが沖縄には医専がありませんでした。そこで、沖縄からは台湾に行ったり、朝鮮や海南島の医専に行ったりしていましたね。

渡邉　ということは、看護に関する学校は、アメリカがつくるまではなかったわけですか。

惠　戦前は県立病院で、毎年五名ぐらいを見習いさせて、さらに愛媛あたりの国立看護学校に行かせていたようです。しかし沖縄県では種々の感染症が蔓延するものだから、それだけでは人手が足りない。そこで米国は、沖縄女性のバイタリティに着眼し、スーパーナースを育成しようと看護学校をつくった。毎年、約八〇名前後を採用し、各高等学校の優秀な卒業生を三年間全寮制、実習時間四五〇〇時間という徹底的な現場第一主義の教育カリキュラムで、鍛え上げていったのですね。

コザと那覇の両看護学校が母体となった県立看護大学（日本式へと移行した）

渡邉　公衆衛生的にみると、米国にはかなりお金も使ってもらったんですね。

恵　もとをただせば戦争の劣悪な環境に加え、沖縄戦でそれが最悪の状態に陥っていたということもあります。ただ、米国政府がそれを改善したというのは動かしがたい事実です。

米軍は戦闘中から県下一六〇カ所に戦時治療所を開設し、米軍の軍医と衛生兵が住民の治療にあたりました。戦闘終了後はこれらを整理し、三つの総合病院、五つの地区病院、そして九三の診療所をつくって無料で診察・治療にあたったのです。

戦前から沖縄ではマラリアが問題になっていましたが、米軍は一九五七（昭和三十二）年に強力殺虫剤を空中と陸上から噴霧し、マラリア蚊の発生源である池や水たまりにも徹底的に消毒薬を投入した。その結果、五年後の一九六二（昭和三十七）年に沖縄列島からマラリアは撲滅されました。その他、米国政府は沖縄の結核やハンセン病なども撲滅したのですよ。

一九九七（平成九）年頃、私はアメリカのシンクタンクで講演をしました。そのさい、米国政府および米軍による戦後の医療支援のことを強調して「感謝している」と話したことがあります。現在も日本の医療にとっても大きな指針になっていると伝えたのです。また沖縄の感染症撲滅に果たした公衆衛生看護師システムの成功体験を学ぶために、アジア・アフリカ諸国から毎年かなりの数の人たちが研修に来ている（二〇一三年・平成二十五年九月十五日一万人突破）。だから、医療福祉面において私たちは米国政府および米国国民に非常に感謝しているんだということを言ったのです。

すると、それを聞いていたアメリカのシンクタンクのスタッフがスタンディングオベーションしながら、「初めてまともな沖縄県民に会った」と称賛してくれましてね。私はうれしかったですよ。

沖縄の人には米軍に対していろいろな感情があるんだろうけど、事実を踏まえて良いものは良いと認める度量がないといけません。もっとも、そうした情報がまったく伝えられてないことが問題なのですが。

＊公衆衛生看護婦システムは日本の保健婦制度に似ているが、公看の特徴は医師と同格で緊急時、または医師不在時は医療行為もできたのである。

現在も沖縄を汚染しているアメリカによるＷＧＩＰ

渡邉　それにしても、アメリカへ対する正当な評価が正しく伝わっていないのは残念ですね。

惠　しかしその一方で、アメリカの行ったことにはもちろん負の側面があります。とくに教育政策はいまも尾をひいています。

渡邉　アメリカによるＷＧＩＰ（ウォー・ギルト・インフォメーション・プログラム）ですね。沖縄に対しては本土と別のプログラムでした。

惠　戦後、アメリカ政府は沖縄に日本復帰運動が生起しないように、米陸軍第七心理作戦部隊が工作活動をしました。

具体的には「琉球王国は独立国だった」「廃藩置県で明治政府に侵略されて、日本の植民地にされた」というような反日教育です。私も翁長知事も、その反日教育のターゲットの一番中心の世代です。かくいう私も多かれ少なかれ影響を受けました。

小学校のときに二つのタイプの先生がいたんですよ。一つは、戦前の師範学校出身のまともで非常に上品な、レベルの高い先生方。もう一つは、戦後に育成された臨時の教員たちです。教員になるような優秀な人たちは沖縄戦でかなり戦死しているものだから、戦後、米軍のキャンプで行商なんかをしていた人間をかき集めてきて臨時の教員を育成したのです。後者の先生方は最悪でしたね。反日教育してね、「差別された」なんてことばかり言っていた。

ただ私自身は、先ほど申し上げたように大学で医療行政を研究してみて、戦前沖縄は民度が低くて、かつ科学的な思考ができない地域だったということに嫌でも気づくことができた。ほかにもいろいろ調べるうちに、われわれが誇るべきものとして教わってきた琉球王国の実態がいかにひどいものであったか、また反対に皇室や明治政府がいかに沖縄の近代化に尽くしてきたかもわかってきた。しかし、一般の県民はＷＧＩＰで洗脳されているし、自分で調べる人も少ないですからね。

そうした背景もあり、左翼は沖縄で史実が浸透していないことをいいことに、先の米軍の反日プロパガンダを横どりして、これに反米イデオロギーをミックスしています。そして今度は日米両国政府に基地を押しつけられているというテーゼを展開しているのです。一方、沖縄の保守の政治家は世論追従型がほとんどなので、反米反日のハズミ車を制止できない。現在の翁長知事はいわばその典型ですね。

台湾のほうが沖縄よりもルールを守る

惠　台湾は親日だけど、沖縄は基本的に反日です。台湾と沖縄の大きな違いは、台湾の人たちというのは日本に恩義を感じている人が多いじゃないですか。それが対照的なのですね。

渡邉　私は台湾の人たちとけっこうお付き合いが多いものですから、ビジネス社からも台湾に関する歴史本（『ヤバイほどおもしろ楽しい台湾見聞録』）を出版したことがあります。台湾は日本が出ていったあと、蔣介石(しょうかいせき)の国民党が統治したじゃないですか。その統治があまりにもひどかったらしいんですよね。だから、国民党よりも日本の統治下のほうがよかったと、お年寄りが過去を回顧するんです。

台湾は日本が入るまでは本当に野蛮というか、文化文明がない地域だった。「化外の地」と言われたところに、日本はインフラを引いて国土開発を行い、産業を発展させ、同時に文字教育、文化教育をほどこしたわけですね。

台湾では当時、原住民が首狩りをやっていたのですが、彼らに首狩りを禁じたのも日本の警察です。そのため、反乱が起きたほどです（霧社事件）。

もちろん、日本が美化されすぎている面もあるのですが、台湾のお年寄りは日本語をしゃべれるわけだし、実際にこうだったんだよと事実を口伝えしているわけですね。確かに国民党が最初のうちは反日教育をひたすらやったから、台湾でも反日の方は若干います。それは日本でいう団塊世代のような一定世代の人たちで、全体から見ればほんの一部。そのほかの人は日本のほうがよかったと思っています。

惠　米国統治時代の沖縄には国費留学制度というのがあった。現在沖縄県の指導者的クラスは、ほとんどその国費留学のグループなのですね。沖縄域内だけでイージーな試験をして、たとえば仲井眞前知事は東大、崎間晃元琉銀会長は京都大学……とかいう感じで特別留学生として国立大学に割り振っていったのですよ。生活費も全部国が面倒を見るものだから、政治運動ばかりして勉強には本腰を入れてない人々もいたそうです。こういった人たちがいま、沖縄の中核になっているわけですよ。

学生のときの心理状態そのままですね。日本国民という意識も持ち切れない。翁長知事をバックアップしている企業の経営者も然(しか)りです。

当時の高等学校の先生方は本来の授業をせずに政治運動ばかりしていました。しかも自分の子弟は本土の進学校に疎開させていたのです。そして、文部省の役人が来県すると、いかにこの国費留学の枠を拡大するかという政治折衝ばかり。当時、奄美(あまみ)大島をはじめ他府県出身の大学生から「沖縄人も日本人なのに、どうしてこんなに優遇するのか」と大学に抗議があったそうです。

その点、台湾は二・二八事件などもあり、大変な試練があったでしょう。それから一九八七年までの約四〇年の間、戒厳令が施行されて、政治運動は一切禁止された。

沖縄は対照的に労働運動が相ついだ。生産性の向上よりも、労使対立で賃金をアップさせるという手法が蔓延していました。したがっていったん企業が設立されても、倒産か、あるいは域外へ撤退して行きました。

逆に考えれば、台湾はそれがよかったのかもしれないですね。二・二六事件は論外として沖縄のように企業経営が安定するまで労使対立やイデオロギーをおびた労働運動が生起しなくて。

渡邉　そうですね。軍部が統制していた期間が長かったので、ルールを守るという習慣に関しては、沖縄より台湾のほうが意識が高いかもしれないですね。実際、台湾のMRT（地下鉄）に乗ると、きれいなんですよね。車内でも駅のホームでも物を食べてもだめ、チューイングガムもだめ、水を飲むのもだめですから。

惠　沖縄の場合は、飲酒酩酊(めいてい)して道で眠って通行中の車両にひかれて死ぬというような事件、事故が多発していますしね。結局、戦後沖縄は恵まれすぎたのです。アメリカというデモクラシーのなかでぬくぬくと育ってきたものだから。

だから結局、反日・反米は甘えの結果なのですね。

第三章

沖縄に忍び寄る
覇権国家・中国の魔の手

就任と同時に条件闘争にシフトする歴代県知事

渡邉　前章で、保守の政治家も左翼のプロパガンダに汚染されている、というお話がありましたが、県知事の翁長雄志さんについて、もう少し詳しくうかがえればと思います。彼は米軍普天間飛行場の辺野古移設に反対する沖縄の「民意」を伝えるために訪米をしたり、基地撤廃活動をいろいろしていますが、もともとこの人は自民党にいたんですよね。

惠　そうです。私も以前は親しく付き合っていました。彼はじつにあっさりした、兄貴分タイプの男だったのですよ。ただ、アカデミックではない（笑）。彼が若いときには、自民党県連幹事長として斬新（ざんしん）なアイデアを持って仕事に取り組んでいたけど、徐々にポピュリズムに走っていき、気づいたときにはすっかり中国の手先になってしまっていた、という印象ですね。

渡邉　彼がそのように変わってしまった原因は何なのでしょうか？

惠　まずポピュリズムに走ったのは、自身の利益になるから、ということがもちろんあるでしょう。それから前述したように、沖縄に対しては日本政府がとにかく弱腰で、基地に

本土復帰後における公選知事

代	氏名	任期初日	任期終日	党派
1	屋良朝苗	1972年（昭和47年）5月15日	1976年（昭和51年）6月24日	左翼
2	平良幸市	1976年（昭和51年）6月25日	1978年（昭和53年）11月23日	左翼
3	西銘順治	1978年（昭和53年）12月13日	1990年（平成2年）12月9日	保守
4	大田昌秀	1990年（平成2年）12月10日	1998年（平成10年）12月9日	（親米）左翼
5	稲嶺惠一	1998年（平成10年）12月10日	2006年（平成18年）12月9日	保守
6	仲井眞弘多	2006年（平成18年）12月10日	2014年（平成26年）12月9日	保守
7	翁長雄志	2014年（平成26年）12月10日	現職	オール沖縄？（反米）左翼

反対すればイージーに金がもらえるという実態がありますから。実際に、過去の沖縄県知事を見てください。前知事の仲井眞弘多氏、その前の稲嶺惠一（いなみねけいいち）氏にしても、保守系候補ということで首相官邸から機密費をもらって選挙に出ているのに、当選した途端に条件闘争にシフトしていったじゃないですか。

渡邉　翁長さん個人の問題じゃないということですね。

惠　沖縄に対しては、日本政府も弱いんですよ。「基地反対」を押し出されると、日米関係に波及するから他府県と同等に扱えない。特別待遇で総理自らが県知事に会い、官房長官が副知事に会うという、いわゆる「一国二制度」みたいになってしまっているのです。

渡邉　アメリカに対しては米軍基地の問題でわざわざワシントンまで乗り込んで抗議をするのに、尖閣に関しては黙りこんでいる。このダブルスタンダードがよくわからない。

副知事の辞任の真相

渡邉　二〇一七（平成二十九）年一月二十三日に安慶田光男副知事が辞任しました。

惠　安慶田副知事辞任の理由は二つあって、彼が非常に勝手気ままに振る舞っていて特定業者との癒着が目立っていたことが一つ。それと、もう一つは左翼団体による翁長知事への威嚇という面もあるのだと思います。「下手に官邸と妥協したら、副知事のようになるぞ」と翁長知事を脅す勢力がいる。

どういうことかというと、副知事は、自分は菅義偉官房長官と親しいんだと言いふらし、長官とのメールを日頃からひけらかしていた。左翼から見ると、安慶田氏と総理官邸は水面下でつながっている。いずれ県知事は仲井眞前知事のように抜け駆けするのではないかと警戒し始めたと思われます。そこで、みせしめに副知事の教員採用試験における口利き疑惑を暴露して失脚させた。

安慶田副知事が米中国交回復のさいのキッシンジャーの役を担う予定だったところを、左翼に攻撃されたのだと思いますね。

渡邉　二〇一七年一月十八日に沖縄タイムスが「副知事の安慶田光男が、教員採用試験において県教育委員会に複数の受験者を採用するよう口利きを行った」と報道した件ですね。彼は当初は疑惑を否定していたけど、県政を混乱させたとして辞職しています。しかも辞職直後に、県教委は疑惑が事実であったことを認めています。安慶田さんは那覇市議時代からの翁長知事の側近でした。

国としては、市町村単位への直接給付を始めようとしていますよね。助成金を直接給付すると、県の案分がなくなっちゃうので、県全体としては厳しくなると思うんです。案分を握っていた役人たちが、案分できなくなるということで、今後支持者から突き上げを食らってくると思うんですよ。

惠　議員がね。

渡邉　それぞれの業界団体を把握している議員や役人たちです。これがどういうふうに出るかというのを、国も見ながらお金を出したり緩めたりとやっていくと思うんですよね。その調整役で、現政権との一番のパイプ役として副知事が入ろうとしたけど、これを失脚させた、という図式です。
失脚させたのは左寄りの教育長ですよね。だから、左側がどうしても日本政府との決着をさせたくないという意向なのか？　要するに、彼らは政府に対する不安と不満だけを今後もあおっていきたいのかと思わざるをえません。

惠　その公算が強いと私も思う。でも、彼自身はもともとダーティーなイメージの男でした。一度、私も怪しい現場を目撃したことがあります。県庁隣りのホテルラウンジ奥のテーブルに白昼、副知事が業者、ブローカーらしい数人と入ってきました。業者が水筒から酒らしきものを副知事のコップに注ぐと、副知事は「ウマイ！」と飲み干しました。その後、「わかった！」「わかった！」と言って出ていきました。

中国系の子孫たちがいまの沖縄を動かしている

惠　日本国民はほとんど知らないでしょうが、沖縄を動かしているのは中国系移民の子孫が多いのです。明（みん）代とか清（しん）代に沖縄に移住してきた移民の子孫です。仲井眞前知事にしても、その前任の稲嶺元知事にしても選挙のさいには、それぞれの先祖が中国移民であることをアピールしていました。ちなみに仲井眞氏の先祖名は「蔡(さい)」、稲嶺氏が「毛(もう)」です。だから、そういう連中は意識が中国人に戻ってしまっているのですね。

渡邉 その人たちはいま、日本国籍ですよね？

惠 日本国籍ですが、中国政府はこういう連中をエージェントとして使うのです。

渡邉 そういう人たちは何割ぐらいいるものですかね。

惠 一四五万人の人口の中で一万人ぐらいいますね。「久米村人子孫(クニンダンチュウ)」といって結束がかたく、沖縄では家格が一段高く見られる傾向があるのです。彼らは琉球王国をはじめとする沖縄の基礎を自分たちの祖先がつくったと自負しています。

でも、実態はけっしてそうでもないのです。廃藩置県以降、山口、鹿児島、広島とかの商人が沖縄に入ってくると、彼らに商売では太刀打ちできなかったのですから。明治維新以降になると、もう資本の自由化でしょう。本当に実力があれば華僑(かきょう)ネットを使って、対抗できたと思うけど、まったく歯が立たなかった。

渡邉 それは台湾でも同じ構図ですね。言い方は悪いけど、台湾に渡った人たちの多くは大陸のあぶれ者ですから。政治闘争で敗れたり、何らかの事情で国にいられなかった人たちがフロンティアを求めて、たどり着いた地だった。アメリカだってそうです。

が現状です。

惠　愚かな話ですが、日本から補助金をもらいながら、沖縄県は中国に金を貢いでいるのが現状です。

沖縄は中国に貢いでいる

二つ事例を挙げます。まず一九九八（平成十）年に、沖縄県は友好県省協定を締結していた福建省と福州市内に共同でビルをつくることになった。当初、福建省は「所有権を折半する」と公言していた。前提条件として土地の提供と、上物建築費の折半を提案してきたのです。ところが何度も工事が中断され、当初の建設予定費の沖縄県負担分は五〇〇〇万円だったものが最終的には五億五〇〇〇万円まで膨れ上がり、ようやく完成させた。それも問題なのですが、完成すると同時に、福建省政府は、沖縄県の所有権を全面否定したのです。にもかかわらず、これに対して一言も地元マスコミは批判しなかった。

次に、いまの那覇市長は城間幹子（しろまみきこ）さんという方で、翁長知事の子飼いで後継の市長ということになります。翁長知事が市長だった時代に企画発注された一対の龍柱があります。中国企業に発注して製作したもので、入札も全然していません。なんとこれを作成するのにかかった金額が三億三〇〇〇万円。ところが、地元石材会社に聞いたら、四〇〇〇万円以下でつくれる代物だという。要するに、中国に残りの差額を貢いだわけです。

渡邉 中国に直接貢いでいるか、その間に入っている流通業者が抜いているか、政治家に対していわゆる献金などという形でキックバックが入っているとか、そのあたりはわからないのでしょうか。

惠 わからないですね。金は中国人民銀行に振り込まれるので、その後の資金トレースは絶対できません。

じつは私は大田県政のときに翁長さんとタッグを組んで福建省との共同ビルについて調べたことがあるんです（県議時代の翁長さんはいたってまともだった）。彼は県議会でこのことを問題にして追及した。ただ、調査はしたものの、わかったことは琉球銀行県庁支店から中国人民銀行に振り込まれたことまでで、それからあとは資金トレースはまったく

沖縄の龍柱

できませんでした。

かつて自民党の国会議員だった古賀誠氏も、沖縄関係で資金をゲットしたら、振込先指定を中国人民銀行にしていましたね。これは仲井眞県政のときのブレーンが私に教えてくれたことです。中国にいったん送金すると、日本の財務省も国税庁も資金トレースが絶対できない。仮にトレースしようとしたら恫喝されるというのです。

渡邉　まあ、キックバックとか、そのあたりですかね。

惠　あるいは、中国に金を持ち込んで山分けする。

渡邉　なるほど。中国国内であれば、ばれませんからね。

中国から沖縄の左翼系メディアに金が流れている？

惠　琉球新報社は台湾最大手日刊新聞社の中国時報社と記事交換協定を締結（一九九七年）しているのですが、その中国時報社は台湾きっての親中企業「旺旺中時媒体集団」（ワングループ）の傘下に入っています。そこでいくばくかの金が流れている可能性があります。

渡邉　それで中国時報というのは二〇一〇年の尖閣問題のときに抗議船の活動家にお金を出した新聞社ですよね。中国時報は公称部数は一〇〇万部で、世論調査によると台湾で四番目に読まれる新聞です。中国国民党の傘下にあった地上波テレビ局中国電視公司、ラジオ局中国広播公司、映画会社中央電影公司、中天電視とあわせ、放送・映像メディアでも台湾有数の影響力を持つメディアグループを形成したところを二〇〇八年、食品大手・旺旺集団を率いる蔡衍明（さいえんめい）がオーナーとなり、翌二〇〇九年、正式に旺旺中時集団の傘下に入りました。以降、中国寄りの論調が増えたと指摘されていて、それに反発して、辞める記者が相次いでいるそうです。また、同様に同メディアの中国寄りを憂慮する市民が、二〇一三年一月にデモを起こしたことがニュースで伝えられました。じゃあ、中国から、間接的に資金が流れている可能性もあるということですか？

惠　琉球新報の謄本を見たら二〇一五（平成二十七）年七月三十日に借り入れ総額一三三億六〇〇〇万円を記録しています。翌三十一日に五四億円を返済して借り入れ総額は約八〇億円。同年の同社の経常利益は六億五五〇〇万円ですから、経営はけっして楽ではない。二〇〇二（平成十四）年十月には社会保険料滞納で社屋が約一カ月間、差し押さえられたこともあったのです。

琉球新報（左）と沖縄タイムスの豪華な社屋

渡邉　借り入れ先はどこなんでしょうね？

恵　借り入れ先は金融公庫や琉球銀行などの地元行です。

渡邉　どんなに安く借りたとしても、貸す側からすれば完全に不良債権のはずですよね。資産担保がないから、これが本当なら潰れてないとおかしいですよ。

　ということは、これは金融庁案件として、国会でやってもらえばいいですね。これは完全に金融改竄なので、非常に問題です。私はお金の専門家なので、お金でどうやって詰めていくかといつも考えるんですね（笑）。

　ちなみに沖縄タイムスのほうはどうなんですか？

恵　沖縄タイムスのほうは把握していません。

朝日新聞系列から資金援助を得ているというのは聞いています。

渡邉　琉球新報って、巨大な新しい新社屋を建てていますよね。

惠　いま使っているところが約八〇億円の借り入れが残っているのに、さらに旧社屋があったところに、またビルをつくっています。新ビルの維持管理が非常に困難になってきたというのを理由に、もとのコンパクトなビルに戻ろうと建築しているとのことです。

渡邉　まあ根抵当権（一定の継続的取引関係から生ずる複数の債権を、一定の限度まで担保すること。手間と費用を解消するメリットがある）だけかもしれませんけどね。それにしても、一〇〇億は極度額としてはあまりにも大きすぎる。あのビル、どう見積もったってせいぜい一〇億単位でしょう。

惠　このことについて私が闇（やみ）の世界を感じるのは、先頃亡くなった大田昌秀（おおたまさひで）県政当時の平成八年九月十日に五〇億円の「沖縄振興のための特別調査費」予算が閣議決定したのですが、そのなかの一一億円——これは本来厚生労働省の持ち分だったのですが——これが丸々、琉球新報に雇用創設の名目で無利子で貸し出されたのです。

渡邉　長期貸し付けのうち返してもらってない分というのはあるんですかね？

惠　それを調べるために謄本も取ったんですけど、まったく見えないのです。

渡邉　国会議員に国政調査権で調べてもらうしかないということですよね。

恵　読売とか産経の記者も「これはひどい」と言っていましたよ。一企業に雇用創設という名目で、一一億円も無利子で長期貸し出ししているのですから。

渡邉　無利子貸し付けはともかく、原則論として貸し付けたものは返してもらわなくちゃいけませんよね。どういうカラクリかわかりませんが、キャッシュフローが一一億もあるわけない。両新聞の発行数が一五万部しかないんですからね。しかもその四割が押し紙（販売されずに販売店に貯めおかれるだけの新聞）だと聞いています。これで経営が成り立つのか。本来ならば明らかに財政的に完全に破綻（はたん）しているはずなんですけど。

恵　一般に新聞は広告四割、記事六割という比率で紙面構成されますが、地元二紙は広告六割、記事四割という比率です。二紙のバックには電通などの大手広告代理店がいて、広告をまわしているのです。それでも台湾のワンワングループと提携しているところを見ると……。

渡邉　台湾の金を、ワンワンから金を引っ張って維持しているという可能性ですか？

恵　なきにしもあらず、ですね。

渡邉　でも、それにしてもどういう状況になっているのかがまったく見えませんね。

両新聞社の不動産登記簿謄本

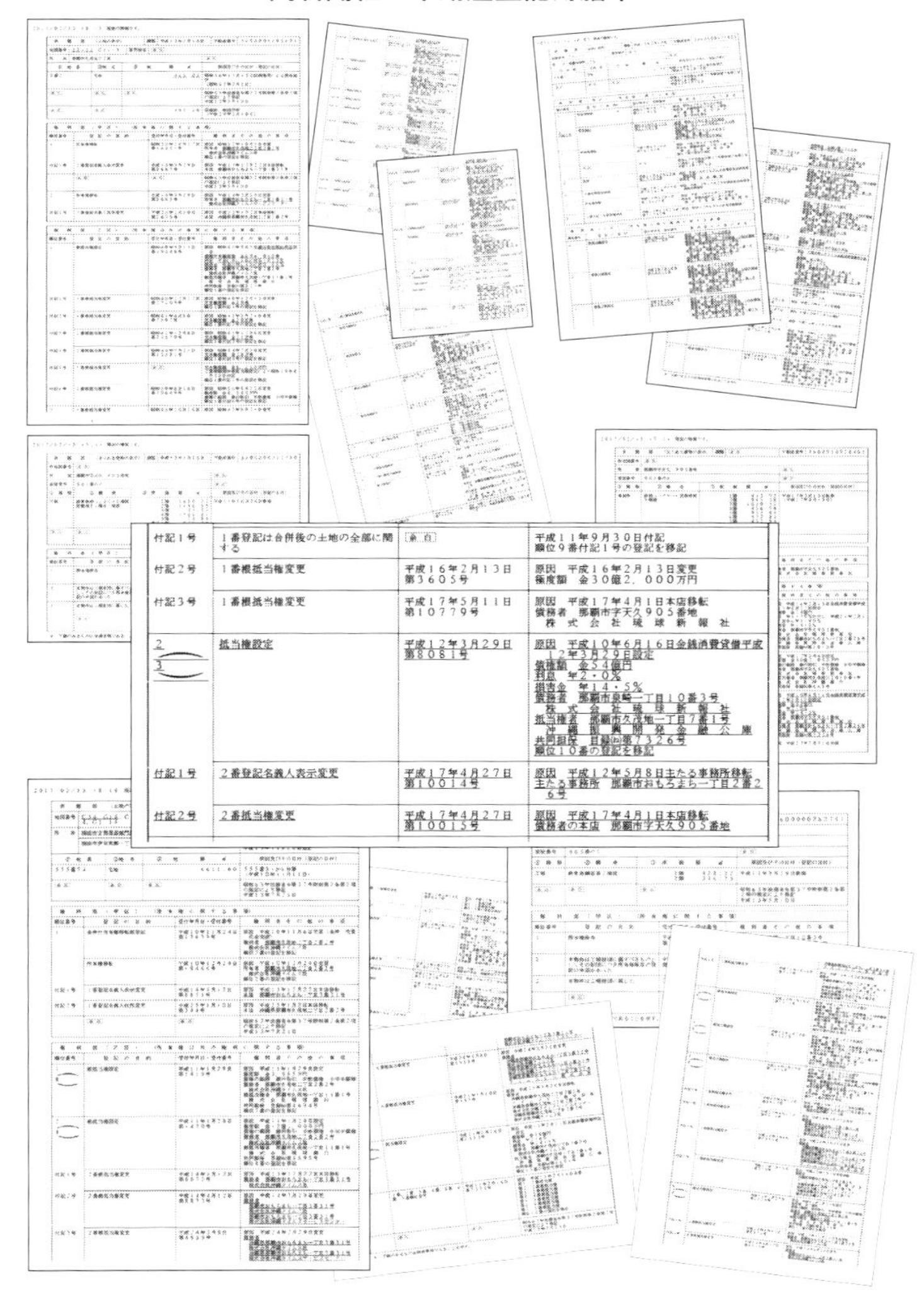

付記１号	１番登記は合併後の土地の全部に関する	余白	平成１１年９月３０日付記 順位９番付記１号の登記を移記
付記２号	１番根抵当権変更	平成１６年２月１３日 第３６０５号	原因　平成１６年２月１３日変更 極度額　金３０億２，０００万円
付記３号	１番根抵当権変更	平成１７年５月１１日 第１０７７９号	原因　平成１７年４月１日本店移転 債務者　那覇市字天久９０５番地 株式会社琉球新報社
2 3	抵当権設定	平成１２年３月２９日 第８０８１号	原因　平成１０年６月１６日金銭消費貸借平成１２年３月２９日設定 債権額　金５４億円 利息　年２・０％ 損害金　年１４・５％ 債務者　那覇市泉崎一丁目１０番３号 株式会社琉球新報社 抵当権者　那覇市久茂地一丁目７番１号 沖縄振興開発金融公庫 共同担保　目録(ね)第７３２６号 順位１０番の登記を移記
付記１号	２番登記名義人表示変更	平成１７年４月２７日 第１００１４号	原因　平成１２年５月８日主たる事務所移転 主たる事務所　那覇市おもろまち一丁目２番２６号
付記２号	２番抵当権変更	平成１７年４月２７日 第１００１５号	原因　平成１７年４月１日本店移転 債務者の本店　那覇市字天久９０５番地

恵　見えないのです。だから、そこにいろんな第三者が介入してくる余地があるのかと思われます。

渡邉　ただ、この問題は国政調査権を通じたものも含めて透明化させないといけませんね。言論の自由という次元の話ではないですから。

恵　このように中国がえさをぶら下げてくるものだから、沖縄は保守まで親中勢力に偏っているのです。

尖閣では海上保安庁が必死になって領土・領海を守っているわけですが、その裏では、沖縄の島自体が中国に乗っ取られようとしている。しかも、一発の弾も撃たずに、です。

渡邉　非常に悪質ですよね。

恵　わが国の政府には諜報機関がないから、そうした点では脆弱(ぜいじゃく)ですね。

渡邉　まず「刺激しない」というのが先に立っているのでしょう。そんな事なかれ主義じゃいけないということを、アメリカからの通告によって政府側もやっと認識するようになりつつありますが、まず日本人全体の意識を変えていかなくてはならないでしょう。

屈辱的な「三跪九叩頭の礼」を悦ぶメンタリティ

惠　県外では報道されませんが、中国の沖縄工作で恐ろしい状況が展開されているのです。毎年秋に首里城祭があって、那覇三大祭りと呼ばれているものの一つです。そこで「三跪九叩頭礼」が行われている。これは、三回ひざまずいて、その都度三回額を地面にこすりつけるから、合計九回地面に額をつけるという中国皇帝に対し絶対服従を表す世界でもっとも屈辱的な礼式です。中国官吏を装う役者が中国語で「跪！」と命令すると、琉球王はひざまずき、さらに「叩頭」の号令の下、中国冊封使とその副使に向かってそれを行うのですね。

これを見てた香港の観光客は、「沖縄県民は頭がおかしいんじゃないか」と言っていましたよ。三跪九叩頭の礼を英語で「コウトーイング」といいますが、香港では媚中派を批判するとき、この「コウトーイング」というフレーズを使用するそうです。それを、沖縄県民は平然と復活しているのかと香港人は呆れていました。

渡邉　よく映画のなかで朝鮮人の人たちがやるシーンですね。清の使者を迎えるときにや

首里城祭の行列（同ホームページより）

る。

恵　一種の隷属（れいぞく）の儀式なんですね。問題はそういったことを平然と行う県民性です。しかも中国はそれをビデオに撮って中国大陸で流しているのです。

渡邉　その儀式をやっているのは誰なんですか？

恵　首里城祭実行委員会（共催・琉球新報社）が企画運営しているのです。儀式の役者を公募していて、確か、このあいだは小学校の先生が琉球王役に当選して演技していました。

渡邉　恥ずかしいと思わないんですか？

恵　恥ずかしいと思わないから問題なんです。中国あっての琉球王国だったと信じているから疑問も感じないのでしょう。沖縄独立運動を進めている友知政樹（ともちまさき）という沖縄国際大学の教授にいたっては、「中国は沖縄人を苛（いじ）めなかったけど日本とアメリカは沖縄を苛め、かつ武力を使った」などと、非常に短絡的な理論を展開している。首里城祭を見ている中国人からすれば、沖縄県民というのは中国への隷属を望んでいると思うでしょうね。

渡邉　親中という言い方と、媚中（中国に媚（こ）びる）という言い方があるんですが、この歓迎の三跪九叩の礼なんかは完全に後者ですよね。

惠　媚中ですね。これが台湾との大きな違いです。台湾は、戦後実際に国民党、漢民族の統治を受けてひどい目に遭ったわけでしょう。一方で沖縄はアメリカに守られて一〇億ドルももらってステーキの生活をしていた。中国に対する警戒心が、台湾とはまったく異なるのです。

渡邉　根っこは事大主義（自分の信念を持たずに支配者や風潮に迎合して自己保身すること）の朝鮮半島の人たちに似ていますね。パワーバランスを目先だけで判断し右往左往している。

時系列で見ると、一九九〇年代に中国がいわゆる改革開放路線をとり始め、中国が発展モードに入った。そして二〇〇八年でリーマンショックが起きると、アメリカ金融が敗北モードに入る。このときに、韓国人たちも今後は中国が世界の覇権を握る、G2の時代がやってくると判断した。いや、G2どころか、アメリカは衰退する一方だし、少なくともこれ以上発展することはないと。現にオバマ政権は弱腰政策しかとれないではないか。そこでアメリカと中国を天秤にかけて、これからは中国の時代だと彼らは判断した。まあ、韓国だけでなく、日本経済新聞をはじめとしたメディアもそうあおっていましたから日本も偉そうなことは言えませんが。

沖縄でも、そういう目先の言説を信じたお金に弱い人たちもたくさん動いたんだと思います。先にも述べたようにイデオロギーは関係ない。「他人の人権に興味がない人権派」というのが正体で、結局のところ、自分さえよければいい。

たとえば社会主義、共産主義の革命を起こすと彼らは言いますが、いざ起きたときには当然内乱が起こり、その後権力者に接収されるのは言うまでもありません。そのとき一番苦労するのは権力のない一般人、いわゆる「弱者」です。お金を持っている人は海外へ逃げるし、力がある人は力で押さえつけることができるわけだから。いまの日本のような安定社会で一定の地位にいられない人が、革命が起きれば支配階級に回れるはずもなく、逆に混乱した分だけ一層ダメージを受ける羽目になる。

こんなことは世界中どこでも起きていて、中東で起きている難民問題がその典型です。実際に難民・移民として逃げているのは、各国の中産階級以上であり、「アラブの春」における一連の革命に参加したような弱者は、その場で撃ち殺されて終わっている。
こういう過酷な現実を、きれいごとの言論で包むのではなく直視しなくてはならないのに、それができないのでしょうね。

沖縄の共産主義運動家は中国の手先

惠　沖縄の共産主義運動家の話をしましょう。彼らは何をやってきたかというと、中国共産党の手先として働いていたのです。一九六〇（昭和三十五）年四月二十八日に「沖縄県祖国復帰協議会」が結成されて以降、日本復帰運動が開始されますが、中心は左翼勢力であり共産党だったのです。彼らは一九七一（昭和四十六）年一月に北京に呼ばれて表彰されております。「あなた方がわれわれ中国人民の意をくんで復帰運動をしてくれた結果、日本に施政権を返還することによって非核三原則が沖縄に適用された」と感謝するのです。

渡邉　核が撤去されて、米軍が弱くなったと中国人は喜ぶわけですね。

惠　一九六二（昭和三十七）年三月四日以降、沖縄には九六基の中距離核ミサイル「メースＢ」が配備されました。中国大陸全土を射程内に入れていたのですよ。これが中国にとっては一番の脅威だった。日本復帰を境に、米国政府はそれを撤去しましたから、そのご褒美として周恩来に招待されてご馳走された。

渡邉　そうした歴史が知られていないのが問題ですね。

惠　したがって、単なる日本復帰運動じゃなくて、中国共産党の手先として活動していたのです。

軍用地を買い漁る人々と黒い事情

惠　私が異常だと思ったのは、二〇一二（平成二十四）年十月、仲井眞県政下、沖縄県が上海で沖縄投資説明会を開いて米軍軍用地購入をアピールしておりました。「確実に地代が右肩上がりで上がります」と言ってね。

櫻井よしこさんも「週刊新潮」（二〇一六年十一月三日号）で「沖縄の米軍用地の一〇％が中国資本に買われている」という中田宏元衆院議員の発言を紹介し、警鐘を鳴らしています。

　沖縄の米軍用地は約二万三〇〇〇ヘクタールあり、国有地と県、市町村有地が約一万五五〇〇ヘクタール、残りの約七五〇〇ヘクタール、つまり全体の約三二％が民有地ですが、この民有地の三分の一を中国人は買っているというのです。東京ドーム五三個分、二五〇〇ヘクタール強もの米軍用地をです。

　これは中国の投資家が悪いのではなくて、それを誘発した沖縄県庁が明らかに悪い。しかも、仲井眞知事という当時の保守系政治家が実行しました。こんなことを国は許していいのかということです。

渡邉　それは、米軍基地に貸している土地ということですか？

惠　そうです。この民有地は年間借地料（沖縄県全体年間約九〇〇億円）が国から地主に支払われ、その地代は毎年必ず値上がりするのです。この権利をいま中国に売っている。

渡邉　ファンディング商品として利回りが出ているうちはいいでしょうけど。ただし、基地がなくなったらお金は入ってこなくなりますよね。買った中国人の土地にはなりますが、それを持っていてどうするんですかね？

惠　だから返還の可能性が低い土地のほうがランクが高いんです。一番利回りが高いのは返還見込みのない嘉手納米空軍基地です。とくに滑走路および滑走路脇の土地が高い。逆に一番安いのが返還が決まった普天間基地です。だから、みんな嘉手納基地の軍用地を取り引きする。

渡邉　ただ、素朴な疑問なんですが、土地を買った中国人はそれをどうするのかなと不思議に思います。所有権があるからって、占有権は主張できないですし。

惠　占有権は主張できないけど、所有権を持っていると銀行からお金を借りることができます。だから信用創造で、沖縄の銀行はその所有権を担保にして全体で一〇〇〇億円ぐらいを貸しているのですよ。

渡邉　外国人に対してですか？

惠　いや一応、日本人名義です。日本人名義を貸している沖縄の不動産屋もいれば、地元不動産会社をよそおって実際は中国資本で営業している会社もあります。櫻井よしこさんに言わせると、日本の国民の血税が中国に流れているということです。

渡邉　名義貸しだと登記されていますから、中国人は善意の第三者に対抗できないので、その気になれば日本政府が排除できますよね。これは契約にもよりますが、基本的には利回りを合わなくしていけばいい。

沖縄と同じようなことが北海道の水源地でも起きているんですけど、売っている連中がみんな、もともとの山を売る林野商法の詐欺師なんですよ。日本では水利権は別なので、中国人が土地を買ったとしても、土地の所有権はあっても占有権がないから水がとれるわけでも何でもないんです。最近はこの詐欺に日本人が引っ掛からなくなってきているので、中国人の不動産屋が日本の不動産屋と手を組んで、一緒に中国人を騙（だま）しているという構図が、あるのかもしれません。いかんせん、土地は持って帰れませんからね。

ただ、県が中国人をファンディング商品で儲（もう）けさせるためにそんなことをやっているのであれば問題です。また、その融資を不動産屋が入って、中国人が真の所有者でありながら、名義貸しで銀行がローンをしている実態、しかもそういうケースがあることを知っておきながら貸しているということであれば、銀行は業務停止処分の対象になると思います。これはもう徹底的に法律に従ってやっていく必要がある。

ちなみに、そういうのを貸すところというのは、沖縄だと金融機関はどこになるんですか。

惠　琉球銀行以下地元三行ですが「あくまでも県内居住日本国籍の者が対象である」と建前は発言しています。ただ中国人による軍用地の購入に関しては巧妙に行われている。このことは一五年ほど前に一度国会で問題になりました。一件だけですが、北京在住の中国人が登記されていると判明したのです。「あとは、全部日本人名義になっているから証明できません」と、防衛施政庁関係者（当時）は答えていましたね。

渡邉 それはもう一回、国会で確認してもらったほうがいいですね。その融資と抵当権と担保の状況がどうなっているのかというのを確認して、名義貸しが行われていたらどうなるのかというのを、国会で担当大臣から聞き出せばいいわけです。

惠 軍用地以外の土地もどんどん中国資本に買い取られていますよ。最近目につくのが賃貸マンションです。わが国が油断しているすきに、多数の中国人が一挙に沖縄に移住するかもしれません。

沖縄はすでに中国に浸食されている

惠 ほかにも、那覇のフェリーバースから市中心部に向かって移動していくと、やがて孔子廟(こうしびょう)が現れ、福州園があります。完全にチャイナタウン化してきている。中国は沖縄に領事館建設を許可するよう、日本政府に対して何度も陳情しています。さすがにこれには外務省が反対しているのです。

しかし、沖縄県民にそこまで中国拝跪(はいき)熱があることを日本国民が気づいていないのです。

渡邉　気づいていないと同時に、これは大変申しわけないけど、大部分の人が沖縄に関心がないんですよね。あっても沖縄は観光地であり遊びにいくところ、という認識でしかない。

たとえば私は東京に住んでいますけど、隣の県についてはあまり関心がないし、おそらく多くの人がそうだと思うんです。生活のなかでは、自分の住んでいる周辺のことしか普通は見ていません。だから、基本的には住んでいる人たちが自分たちでよくするしかないんだと思うんですよ。

ただ、おっしゃられるように、国家の統治としての問題で考えるなら、もう一段上から大局的に見なくちゃいけないことは確かです。中国がそういう形での侵略を行っているということに対して、どのように対抗していくか。これは国民全員の問題です。

ところが、朝鮮半島でも同じなんですが、メディアが言論を支配している現状がありま す。中国がメディアを買収して宣伝戦を行っている。この宣伝戦のうえで叩き潰していくしかないでしょうね。

恵　そうですね。まず沖縄県民、ひいては日本国民に対して、琉球王国の統治の実態がどれだけ過酷だったか、廃藩置県以降に明治政府が沖縄の近代化にいかに尽くしてくれたかということを、解説する必要があります。

アメリカがその気になれば人民元は紙切れになる

渡邉　これから北朝鮮を挟んで米中関係がどうなるか、多くの国民が固唾を呑んで見守っています。

もし軍事衝突が起こっても、アメリカは中国に対して絶対的に優位な立場にあります。武力だけではなく、アメリカは金融制裁という強烈なカードを持っています。中国はドルがないと物が買えないので、金融制裁をやられると、世界中の銀行と取引ができなくなるから一発でアウトです。中国の人民元も香港ドルも、じつはドル預託通貨といって、銀行にあるドルが裏付けのお金、つまり事実上のドルペッグなのです。こうなると、とにかくドルがないことにはしようがないんですね。

恵　なるほど。戦後アメリカが沖縄で一時通貨として使ったB円（正式名はB型軍票。一九四五年から一九五八年九月まで、米軍占領下の沖縄県や鹿児島県奄美群島［トカラ列島含む］で、通貨として流通したアメリカ軍発行の軍票）政策と一緒ですね。

渡邉　おっしゃるとおり、それとまったく同じです。

惠　沖縄は戦前から日本本土からの移入が多かったものだから、物価が安定するように対円レートではB円高に設定しました。だからよくわかります、そのシステムは。

ドルのペッグがあるから維持できるようなもので、これがなかったら完全に紙切れになってしまいますね。

渡邉　米国債はいま現物がないんですよ。コンピューターで登録されているだけなので、ボタンを押せば消えてしまう。証券というのは世界中で流通しないと証券じゃない。したがって、現物があれば無記名債券で売買できるのですが、登録制なので売りたくても売れない。だから、沖縄にもし何かあったら、アメリカ側としては一発で中国の人民元を紙くずにできます。

実際、オバマ政権のときですが、ウクライナ危機のさいにこれをロシアに対してアメリカはやったのですね。

惠　ウクライナ政策ですね。

渡邉　二〇一七（平成二十九）年二月三日にもトランプ政権はイラン制裁をしております。イランの二五の個人および企業を対象に、米金融システムへのアクセスや米企業との取引を禁じました。

だから、沖縄県と中国が勝手に合意を結ぶという問題はさておき、アメリカがやろうと思えばいつでもできる話なのです。

新聞には中国を持ち上げている記事が異常に多いものですから、沖縄の人たちはもちろん、日本人の多くも新聞を読めば読むほどわからなくなると思うんですが、人民元なんて米ドルの裏付けを失ったら紙くずだというのが実態です。それでも中国と付き合っておいしい思いができると考えているの？　ということに尽きるんだと思うんですね、本質的には。

だから、このあたりを徹底的に教育のなかでも教えていくべきなんですね。

中国の野望を止めるには「敗戦国」に追い込むしかない

渡邉　ただ、ここまで中国にやられて黙っているわけにもいかないので、極端な話、どこ

中国が構想する「第一列島戦」と「第二列島戦」

かで戦争をやるしかないのかもしれませんね。

戦争をやるといっても、別に日本が直接戦わなくてもいい。たとえばどこかの国が対中国で戦争をやったときに、戦勝国の端っこに日本の名前が載っかっていればいいわけです。

北朝鮮をはじめとして戦争の種はありすぎるぐらいあります。沖縄の東シナ海にはロシアの戦艦が入っているし、フランスの艦隊も入っている。自衛隊は後方支援をするための前提になる物品役務相互提供協定（ACSA）をオーストラリアやイギリスとの間で結んでいるので、イギリス海軍が来る。アメリカは年明けから航空母艦のカール・ビンソンを西太平洋に派遣しており、横須賀基地には空母のロナルド・レーガンが配備されています。インド洋にも米軍基地があるため、三方向から第一列島線を押さえ込んでいる状況です。これでもし中国が少しでも暴発したら、それを機にアメリカはそれを理由に局地戦に持ち込む気満々なわけですよ。

　対中問題に関するリセットは本来それしかありません。中国の拡大をこれ以上防ぐには、中国を敗戦国に陥れるしかない。中国が敗戦国になれば、アメリカが中国共産党政権の内部に影響を与えることが可能になりますから。

　アメリカとしては、たとえば離島部における、船舶同士の衝突で始まる局地戦に、持ち込もうとするでしょう。これで中国側が負けを認めるような方向に持っていく。と同時に、もう一度中国に対して共産主義革命を起こさせるわけです。

　北朝鮮の理屈と一緒で、北朝鮮も金正恩（キムジョンウン）政権があるので、大量の移民、難民が生まれないのですが、同様に中国も難民が国外に出ない方向で潰していく。これがアジアの安全保障上、もっとも理想的です。

恵　短期的に、通常戦に限定してですね。大陸間弾道ミサイルを撃ち合わずに終わらせるという形です。

渡邉　始まりとしては、たとえば、米軍の船が沈むわけはないんだけれども、ほとんど船員が乗っていない船に中国が撃ってきたというシチュエーションが一番望ましい。いずれにせよ、中国海軍がアメリカに勝てるはずもないから、早い段階で中国が負けを認めざるをえない状況になる。和平に持っていった結果、習近平（しゅうきんぺい）はいわゆる民主化方向に進むわけにはいかず、よりいっそう独裁化、強権化しないかぎり政権の維持ができない。だから、共産党の独裁色を一気に強めて国民への統制を強める。統制を強めた瞬間にもう内向きの政策になっているので、自由貿易圏からも切り離されることになる。

そうなれば、中国は所有している対外資産などを安く買い叩いて飯を食うしかない。これがベストなシナリオだと思うんですね。

戦争は起きるものなので、起こさないようにではなくて、起きたときに勝ち組に回れるかどうかが重要です。傷ついたとしても、できるだけ小さい、ごくごく小さい傷で終わらせる。そういうリアルな現実を前提に、中国と対峙（たいじ）しなければならないのでしょう。

第四章

裏切りの県民性の闇

沖縄は犠牲になっているのか？

恵　以前、自民党の若手議員が私に沖縄問題の真相を講演させようと企画したことがありました。ところが、沖縄出身の代議士たちが反対して中止になった。なぜかというと、沖縄の実態が知られると「政治的パフォーマンスが困難になる」と思われたからです。

渡邉　自民党にも利権屋さん的な人が多いし、パフォーマンス優先の議員が多いですからね。

恵　小池百合子（こいけゆりこ）都知事にも、かつて彼女が沖縄担当大臣に就任されたときに申し上げたのですよ。ある都内のパーティーで、「小池先生、沖縄にあまり同情されるとあとでショックを受けますよ」と。すると小池さんは一瞬、不機嫌になられた。それから三年後、再度お目にかかったときに、「恵さん、あなたの言うとおりでした。本当にあなたの言葉を痛感しました」と言われたのです。多くの国会議員が最初は誠心誠意同情して沖縄に尽くすんですけど、その間にだんだん気づいてくる。補助金をもらうために可哀想なイメージを定着させているにすぎない。

沖縄県民は全員がそうではありませんが、したたかな者が多いのです。国民はハートがいいもんだから、沖縄に同情するでしょう。それでいろいろと施してあげても感謝ということを知らない。不平不満だけを言い続けている。

沖縄も離島を差別した

渡邉　メディアは沖縄差別を批判しますね。しかし県内にも差別があるのですよ。たとえば八重山（やえやま）と宮古と沖縄本島ではステータスが違うじゃないですか。宮古の人たちに対する差別がもともとあるのではないかと思うのですが？

恵　そうです。宮古とか奄美大島とかね。私も父が奄美出身だったので、本島人から差別されることがよくありました。

渡邉　歴史的に宮古島は、いわゆる粗暴犯の流刑の地だったので、「みやこんちゅう」と呼ばれて、本島の人との結婚を許されない。それに対して八重山諸島は政治犯だったので、宮古の人ほど嫌われていないんだけども、琉球王国を名乗っている人たちからすると被差別的なところが若干ある。一種の三段階層になっていて、名前で出身の島とかある程度どこかわかるというのは、聞いたことがあります。もともと沖縄にある差別と、日本軍差別と人権派というものとかが渾然一体となっているんですね。

惠　廃藩置県があって、つまり明治政府に統一されて初めて南西諸島は一つにまとまったわけです。宮古、石垣の住民は、近代において琉球王府を恨んでいた。なぜなら王府から過酷な人頭税（担税能力とは無関係に住民各人に一律に同額を課する租税。代表的な悪税）を課せられ、本島の三倍の重税を負担させられていたのです。

二〇一五（平成二十七）年に、琉球大学の創立六〇周年を祝って、山口県出身のある名誉教授が「最後の琉球王家尚家の当主を呼んで講演させましょう」と提案したところ、宮古島出身の元学長が烈火のごとく怒った。「そんな独裁者の子孫を呼ぶというのはもってのほかだ」と言ったのです。ほんの二年前の話です。だから、内地の人たちが自分たちの旧藩主を尊敬しているのとまったく逆の構図なんですね。

渡邉　殿様ではなくて、弾圧者という意識。ある意味、済州島と朝鮮半島の関係と似ていますね。

惠　そうです。だから、ごっちゃになっているわけですよね。左翼の連中と議論するとき、「琉球王国復活を主張するのなら、尚家最期の藩主をどう思うんだ？」と聞いてもまったく返答できない。

渡邉　だとしたら、親中派や左翼による「琉球独立論」は宮古とか八重山の人たちを焚きつけて、内部から潰すのが一番いいかもしれませんね。

惠　宮古も石垣も中国の脅威を実際に受けて、住民の性格がだいぶ現実的になってきましたから。

渡邉　実際、本土に出てきた宮古、石垣島出身者でけっこう成功している人は多いんですよね。宮古などではサンゴがとれるので、サンゴの輸入とかでぼろ儲けをした。そういう人たちは、じつは琉球王国を名乗るような人たちとはものすごく対立してきた。

現在、宮古と八重山の差別の状況はどうなんでしょう？

惠　最近はだいぶよくなりましたよ。一九八〇年代までは、とくに宮古の人間は短気でアグレッシブな性格の者が多かったものだから、「宮古の人間には気をつけろ」と言われていた。あるいは奄美大島出身者も同様ですね。

かつて琉球王国の属領であった奄美大島も沖縄本島人から低く見られていました。ところが奄美群島徳之島出身の徳田虎雄氏が徳洲会病院をつくって沖縄県医療界に殴り込みをかけた。本島のみならず琉球列島全域に総合病院と老健施設を開設したのです。これでようやく奄美人に対する偏見は消えたのです。宮古も同様で宮古島出身者が沖縄一のスーパーチェーンを一代でつくり上げた。

沖縄本島、とりわけ王府のあった首里地域の住民はプライドが高いわりにのんびりしていて、積極性がない。結果、離島出身者の攻勢に対抗できないのです。

渡邉　親族が反対するからという理由で婚姻差別がまだ残っているんですよね？　ましてや、じいさんばあさんみたいな古い人がいたら絶対だめだという。

恵　このような離島偏見と差別はだいぶ改善されました。差別があったのは、一九八〇年代までの話ですね。以前は、宮古の人間と結婚するのだったら、一族郎党付き合いを断つ、ということがあったくらいでした。

離島住民は尚王家をいまでも恨む

渡邉　私は愛知県の豊田市出身ですが、移民が九割だったのに差別があったという印象はありませんね。

恵　トヨタのおひざ元ですね。

渡邉　豊田市にはトヨタがあるので、閉鎖した炭鉱から来た離職労働者や九州や東北からの集団就職の人がたくさんいました。いまは市町村合併でもっと大きくなりましたが、もともと三万人の街が三〇万人まで膨れ上がった。だから、コミュニティーは地域によって、地元の人たちと、いろんな地域から来た人たちで分かれてはいましたけど、差別みたいなものはなかった。ただし、やっぱり商店街も含めて産業は完全に地元の人間が握っていて、ブルーカラーは移民の人々という社会の二分化という状況は、当時からありました。

惠　宮古島出身の方々は、沖縄本島で警戒して見られるものだから、コミュニティーをつくっていましたね。

確か一九九七（平成九）年、面白い事案がありました。当時の県警本部長が怒って、沖縄県警の捜査二課から宮古出身者を全員排除したのですよ。

捜査二課というのは詐欺や背任、脱税などの知能犯対策ですね。また選挙違反や贈収賄なども扱っているところです。宮古出身者は自分が所属している組織のためよりも、宮古島出身者の利益のために横断的に尽くす傾向にあるものだから、県警の捜査情報が流出するというハプニングがあったのです。

渡邉　それも韓国における済州島と同じですね。かつて済州島が被差別で流刑の地であって、そのために朝鮮半島の人たちは済州島の人を差別し、済州島の人たちは差別されるから犯罪率が高まり……という負の連鎖ですよね。

惠 そのとおりです。

渡邉 日本に来たボートピープルの七〇％以上が済州島出身者で、沖縄の在日コミュニティーはやはり済州島の人で占められている。

惠 確かに、基地反対運動している連中には、済州島出身者が本当に多いですね。

沖縄県民は日本人よりも韓国人に似ている

渡邉 戦後のいろんなひずみが熟成されていて、さすがにもうもち切らなくなってきているというのが沖縄の現状なんでしょうね。冷戦終結後四半世紀以上もたって、世界中のひずみが同じようにいろんなところに噴出していますが、沖縄ももちろん、韓国がいまそうした苦境に陥っています。

惠 私が海上自衛隊士官時代に会った韓国海軍武官はこう言っていました。「自分は日本を尊敬している」と。理由を聞くと、「日本人は三人集まったら団結するけど、わが韓国民族は三人集まったら必ず分裂してけんかするんだ」と言うのです。その話を聞いたとき、沖縄は日本よりも韓国に似ているな、と思いましたね。

沖縄は政治的に見れば分裂の歴史です。とくに保守勢力に見られます。一方、県民は事大主義的なところが多分にあると思います。自分の信念を持たずに、その時々の支配的な勢力や風潮に迎合する。アメリカ統治時代は親米だったのが、ベトナム戦争でアメリカが国費を使い果たし、国力が低下すると、次は経済復興を果たした日本に復帰しようとする。やがて中国が力を持ってきて、やれ北京オリンピックだなんだと躍進していくのを見ると、中国にすり寄っていく。だから、いまは媚中になっているのですよ。

渡邉　ある意味、植民地根性ですね。

惠　まさに植民地根性なんです。

渡邉　自立経済ができない、という事実を前提にして物事を考える必要があるのに、それを認識しようとしないんですね。見ていないというか、見たくないというか、どうしたらいいかということを誰一人として考えないから、そういう根性になるんでしょうね。

惠　「苦難」や「犠牲者」ということを看板に掲げれば、ぼろ儲けできましたからね。まさに濡れ手に粟。それですっかり味をしめてしまった。

そこで思い出すのが、鎖国時代における琉球国産の黒砂糖です。当時、沖縄の黒砂糖は大阪市場で言い値で売れたので天狗になっていたのが、明治以降、キューバや台湾から安い白糖が入ってきて吹っ飛んでしまった。じつは当時、本土から来た学者たちが、サトウキビの単一耕作はリスクが高いということを警告していたのですけど、過去の大儲けが忘れられないで、沖縄県民は聞く耳を持たなかったのです。

渡邉　昔から、高付加価値のものをつくるという概念そのものが、あまりないのかもしれないですね。

惠　そうですね。琉球王国三〇〇年にわたる共産主義体制（地割り制）と、中国への朝貢体制は住民のやる気を完璧に奪ったのです。廃藩置県後も集落の掟（①競争しない、②他の集落と交流しない、③個性的な行動をしない）は戦後まで県民の経済投資活動を束縛したのです。

そこで生産性を上げられないから、誰かにすがってどうにかしようとする。

戦後、軍用地にしても、所有権確定段階で一〇坪しか持ってないところを一〇〇〇坪持っていると嘘をついていた地主が大勢います。琉球政府職員がそれはあまりにも多すぎだと批判すると、じゃ、一〇〇坪に減らそう。それでも一〇坪しか持ってない地権者が、一〇〇坪の地代をもらうとかの事例がたくさんありました。

その県民性も明るくとらえればいいのかもしれません。明るくしたたかな沖縄県民ということで、不幸も転じて福となす。すべて金儲けにつなげる県民性であると。

冗談はさておき、この体質は沖縄県民の「原罪」といっていいです。それが戦前からいまに至るまで変わってないのです。一九二八（昭和三）年、大阪毎日新聞の記事によると「（沖縄県民は）口を開けば救済、救済と叫び、一を得て二を望み二を得ては三を望む。自ら額に汗して努めることを嫌い、ただただ外部よりの救ひの手を待たうとする」と昔から批判されていました。

また、一九二六（大正十五）年に広津和郎（ひろつかずお）という小説家が『さまよへる琉球人』を中央公論に掲載しています。このなかで、絶えず内地に対してはコンプレックスを持ち、自らを被害者と強調し、信義を守らない県民性を批判しているのです。

沖縄出身の軍人で、大正時代に昭和天皇が欧州に行かれたときのお召艦「香取」艦長の漢那憲和（かんなけんわ）大佐も同様なことを言っていますよ、「沖縄県民は努力不足だ」とね。

ちなみに漢那は沖縄県出身者として初の海軍兵学校へ入校し、退役時は少将でした。その後、政界へ進出し、一九二八（昭和三）年に沖縄から衆議院議員に立候補して当選しま

前列左端が漢那、隣は皇太子時代の昭和天皇。漢那は退役後に地元・沖縄県選出の衆議院議員となった。

した。一九四五（昭和二十）年には衆議院議長候補になった沖縄出身の出世頭です。彼の郷土に対する献身ぶりは拙著『昭和天皇の艦長　沖縄出身提督漢那憲和の生涯』（産經新聞出版）に紹介してあります。

さてアメリカ統治になって、アメリカは一〇億ドル、いまでいうと一〇兆四〇〇〇億円以上を投入して沖縄振興を計った。ある程度のインフラは整備されたけど自立心が育たなかった。

今度は中国が発展してきたから、習近平さんにすがっておこぼれをあずかろうという感じ。絶えず大きいものにぶら下がって御利益を得ようとする。

だから私は、沖縄への補助金ばらまきを

やめて、県民にはたまに冷や水かけるぐらいの手法をとったほうが、ちょうどいいと思っているのです。

沖縄県民が勤労意欲に乏しいのは気候のせい？

渡邉　大きいものにぶら下がるだけだと、仮にどこかの国が大規模なプロジェクトを立ち上げてお金を入れても、しばらくの間はうまくいっても長続きせず、あとはもう基地しかないというイメージしかわかないんですが。

惠　やっぱり他の地域に比べて、沖縄県民は勤労意欲が乏しいのですよ。私も銀行勤務時代、いろんな部下がいたけど、ちょっとしたことですぐ休む行員がいました。自分の娘が風邪をひいたというのならわかるけれども、次はじいちゃん、ばあちゃんが風邪ひいたと言ってくる。さすがに「もう辞めろ」とつい言ったことがありましたよ。

これは県民性だと思うのですけど、突出した個性を持つ人間というのは沖縄では嫌われる。たとえば会社を興す起業というのは強い個性がないとだめじゃないですか。人がしないことをやらないと企業の道は開けない。そういった意味で、あまり人材が育っていくような環境じゃない。人と同じことをしていれば敵ができない、人と変わったことをすると嫌われる、というところだから、突出した個性を発揮できないのかもしれない。そういった点では天下布武を唱えた織田信長みたいなタイプはなかなか出てこない土地柄なのでしょうね。

渡邉　これは別に沖縄だけの話じゃなくて、世界的に暖かいところは勤労意欲が低いですよね。ヨーロッパを見ても、南ヨーロッパはギリシャとか勤労意欲が低い。イタリアのなかでも金融街のあるところは北部の寒いところです。一般に貯蓄率が高いのは全部、寒い地域なんですよね。蓄えておかないと冬を越せないので、「備える」という意識が嫌でも育まれる。ただ、沖縄にはそんな場所がないじゃないですか。冬場でも凍死者が出たという話は聞かないですよね。

本州でも、高知県とか宮崎県とか暖かい地域にその傾向が見られます。つまり、貯蓄性向が全体的に低い。だから、勤労意欲が低いのは、なにも沖縄だからという話ではなくて、そもそも気候が人に優しいところは、そういう風潮になりやすいということなのかな、と思います。

東南アジア地域というのが貧困にあえぐ理由も同じようなところにあると思うのですが、

一方でアジアのなかでも勤労意欲が高まった地域というのは、台湾でいうと台北とかやはり比較的寒い地域です。気候と無関係に成果を上げているところもありますが、それは無理やり働かせているプランテーションですよね。

こうした現実を見たうえで自発的に物事を考え、まず「稼ぐ」ということに対して魅力を持つような教育をしていかなくちゃいけないんでしょうね。

沖縄県民は「備える」という意識が足りない

惠　酒は何かにつけてよく飲みますね。そのため青壮年の死亡率が常に全国ワーストです。また、脳梗塞（こうそく）とか脳溢血（いっけつ）とか、心臓病といった、要するにぜいたく病が非常に多い。先ほども申しましたが、じつは平均寿命もそんなに長くない。戦後、米軍が公衆衛生看護システムを確立したこともあって、全国一の長寿県を達成したけど、日本に復帰してからまた急激に落ちているのです。

また、とにかく飲酒運転の検挙率を見ても自制心が弱いですね。二〇一七年上期における飲酒運転検挙者は昨年よりも二五〇人増えて一一〇五人、もちろん全国ワーストです。

酒を飲んで道で眠る者もいる。今年（二〇一七年）になって路上寝で事故に遭い、もう四名も死んでいます。

渡邉　国際通りのお店も、多くは夕方から開くんですよね。日が長いから。

恵　そういった感覚は本土とずれていますよね。夜は熱帯夜が多いものだから夜通し飲んでいる県民が多数いる。とくに宮古島では朝まで飲酒する傾向がある。だから深夜検問してもほとんどひっかからない。午前中に検問したら全部捕まるんです、一網打尽に。一度、宮古島警察で朝の一斉取り締まりを行ったところ多数が飲酒運転で逮捕されました。そこで朝の取り締まりをやめてしまったと聞いています。

渡邉　朝まで飲んでいて大丈夫なのでしょうか。サラリーマンなら、会社は普通に九時〜五時の勤務ですよね。

恵　それ以前に欠勤しますよ。頭が痛い、足が痛いとか言って。

渡邉　勤労意欲の問題ですね。

恵　だから飲酒運転で捕まるのが全国ワーストなのです。

渡邉　飲酒運転の検挙率ですね。

恵　いえ、人口比じゃなくて絶対数。絶対数で全国ワーストですからね。

渡邉　え、絶対数で、ですか。

惠　絶対数で第一位。検問すればするほど捕まるっていうのですよ。普通、検問を厳しくすると減るでしょう。

渡邉　減りますよね、酒をやめるから。というか、やめないということですよね。

惠　酒を飲みにいくときに平気で車を運転していきますからね。

渡邉　こうした県民性というのはやはり問題ですよね。どうしたらいいんだろう……。

惠　それでいて、沖縄は生命保険加入率が断トツ最下位です。備えるということをしない県民性なのですね。

米軍の情報将校が話していたのですが、「沖縄県民と日本国民は違う。日本国民は備えるという意識があるけど、沖縄はそれが欠落している」というのです。理由は本格的な冬がないからですね。本土、とくに東北・北海道は冬の備えをしないと自滅してしまう。そうした意識の差が、やっぱり国防問題でも、内地と沖縄の齟齬（そご）が生じる要因じゃないかと思います。

渡邉　もっとも、備蓄をしたところで、台風で飛ばされちゃうということもあったんでしょうけどね。

惠　うーん、でも沖縄県民の視野が狭いのは確かでしょうね。国全体、日本という視野でものを見切れない。つまり、日本国民という意識が希薄なんです。あくまでも沖縄という、孤立した辺境の地からの視野でしかない。日本はどうしていくべきか、日本人としてどう生きるか、という当事者意識が足りないのですよ。

佐藤栄作首相がホテルに泊まれず

惠　沖縄は労働者のモチベーションが低いうえに、すぐ政治運動に走るものだから、経営者たちは組合が介入してくるのを非常に警戒していました。アメリカ統治時代、琉球政府は法人税をかなり減免して企業誘致に努めたけども、それらがほとんど撤退していくありさまでした。

渡邉　アメリカの統治下においても、アメリカ企業に対して同じように労働組合活動があったわけですか。

惠　ええ、ありましたよ。バックスターとか、OKINAWA Enterpriseがありましたが、結局、撤退しました。アメリカ企業だけでなく、東急グループ総帥の五島昇（ごとうのぼる）氏が、沖縄にもしっかりした迎賓館に相当するホテルが必要であると説いて那覇に東急ホテルをつくったのですが、ここも労働組合に乗っ取られました。

これにはちょっとした話があります。沖縄返還の二年前、佐藤栄作総理（当時）が沖縄に来られたときにそのホテルに宿泊される予定でした。米軍の司令部が沖縄中部にあったものだから、最高司令官の米陸軍中将と会談して那覇に帰ろうとしたら、労働組合がもうホテルにバリケードを張って入館を阻止した。

これは屈辱ですよ。さすがにアメリカの司令官が同情して、総理を基地のなかのゲストハウスに泊めたのです。

渡邉　アメリカの統治下でそういうことが起きたということですね。

反戦地主の闇

渡邉　バリケードで思い出したんですが、反戦地主についてちょっと教えてください。

惠　反戦地主にもいろんな種類があって、正当な地主もいれば、一坪反戦地主、ハンカチ程度の面積しか持っていないような地主もいます。

「ハンカチ地主」などと言われているけども、これが三〇〇〇名くらいいる。彼らはたとえばワシントンポストに、「自分たちの土地を返してくれ、地主三〇〇〇名」と全面広告を掲載する。三〇〇〇名なんていうと、いかにも沖縄の地主のほとんどが反対しているようなイメージになるでしょう。これは単に反基地をアピールするための地主たちですね。軍用地主は実際は約三万三〇〇〇人いるんです。

渡邉　いわゆる共産主義者とか反戦の人たちが、たとえば一坪買ったのを三〇〇〇人で共有している、そういう事態ですよね。金銭のためというよりも、妨害活動を行うために。

恵　そう。そのために頭数を膨らましている。信じがたい話ですが、一坪地主には地元紙二紙の役員、大学教授、左翼政治家などが名前をつらねています。

渡邉　では、そうした反戦地主全体で持っている坪数というのは、トータルでどれくらいなのでしょうか？

恵　普天間基地六七平方メートルに六八九名、嘉手納基地の〇・二ヘクタールに二二七六人の登記があります。一坪地主の土地を全部合計しても全軍用地面積の〇・二％にすぎない。

渡邉　その程度の面積しか持っていない連中が大勢で騒いで妨害しているのも問題ですが、

やっかいなのは、それにもかかわらず土地を「共有」しているという事実です。売買するときに、共有者の八割の合意が必要となるので、こんな状態では絶対に動かせない。

惠　彼らは、継続使用を拒否した。それなのに大田昌秀県知事（当時）が既定の代理署名するべきところを拒否したので大混乱しました。その点、いまは法改正されて、国が代理署名できるようになった。これは大田県知事のときに、それまでは地方分権ということで、知事が代理署名をすることになっていたのですが、知事がこれを反基地闘争の手段に使ったため、国会がその権限を取り上げたのです。

渡邉　じゃあ、やろうと思えば、いまでは取り上げることは可能なんですね。

惠　すでに代理署名も行われています。それで反戦地主たちの騒ぎがいっぺんにおさまった経緯があります。

地主の申告どおりなら基地は三つある計算に

惠　沖縄の土地というのは非常に複雑なんです。まず一九〇三（明治三十六）年まで沖縄は琉球王府による共産主義体制をとっていたものだから、一般平民や農民には土地の私有が認められませんでした。明治三十六年以降に、政府によって土地の私有が認められたのです。

ところが、生産性が低いものだから、みんな土地を担保に借金をして、移民とか出稼ぎに出ていってしまった。沖縄戦の直前、沖縄の農地の七割には抵当権が設定されていたのです。それが沖縄戦によって土地台帳が焼失したものだから、所有権や所有面積が不明確になったのです。琉球政府が軍用地の所有権の確定作業をしたら、小作人だった農民が一晩で大地主に変身したりしていた。いまでも基地のなかにはそういう目標になるものがないものだから、当人の主張に基づいて案分されるわけです。それで、声の大きい地権者の言い分が通るようになったのです。

渡邉 それで、地籍簿がなくなった当初は、所有権というのはアメリカの登記の機関か何かに？

惠 これは、アメリカ政府が琉球政府に委託して、琉球政府が約八年かけて所有権の確定作業をしたのです。それに基づいて、土地代が米国政府から琉球政府を経由して支払われるようになった。

渡邉 そのときに、新たな地籍簿がつくられたということですね。それで、その新たな地籍簿のなかに基地は入っていないということですか？

恵　いや、軍用地としてちゃんと登記はされていたけども、それを証明できるだけの基準がないのです。自己申告制だったから、みんな二倍とか三倍で申告した。普天間基地などは、地主の言い分を全部総合すると、基地があと三つできる計算になるんです。それこそ水平線の彼方まで基地が存在することになる。

渡邉　三倍になるということは、誰かが何倍も嘘（うそ）ついているか、みんなが嘘をついているか、ですね。

恵　小作人が、突然大地主になる珍現象が起きていたのです。ところが反論する人が少なかった。戦前に移民に出て土地を放棄した住民もいれば、沖縄戦で一家全滅した家もあったからです。

渡邉　そういう点では、いまそれで切って使ってなければ現状判断での切り分けができるけれども、基地である以上、それができないですもんね。

悪が栄えるところ沖縄

惠　一九四二（昭和十七）年に日本軍が四つの飛行場を同時につくったのですが、そのときは農作物も含めて日本政府が全部買い上げた。しかし、いまになって、キャンプ・キンザーというところは、不思議なことに土地の百姓（農家）たちが「売った覚えがない」と言い始めたのです。それで、また私有地として賃料をもらっているのですよ。

渡邉　それは終戦後、日本の土地から二七年間離れていたものだから。

惠　日本が国家として、そういったことに反論できなかったわけですね。だから、本当は国が買い上げているのだけど、そういうおかしなことが起こる。そのほかにも、日本復帰が近づいてきたら石垣島飛行場なども同じような現象が起こったのです。

ただ、これは旧地主たちが所有権を主張し始めたのですが、国が訴訟を起こして勝ちました。売買契約書の一部が発見されたからです。

それでも本島ではいくつかの旧軍の飛行場跡の所有権が戦後あいまいになっています。本来は国が買い上げたものなのに私有地ということになってしまっている。そして地代をもらっている。

渡邉　金になるから言うんでしょうね。

惠　悪が滅びるどころか、悪が栄えるところが沖縄なのですよ。もちろん、そういうふうに卑しくしてしまったのは、何度も言いますが、日本政府です。

だから、複雑なんですよ。本当は沖縄でまともなメディアが現れて、いま言った問題を提起したら、左翼だって反論し切れないと思います。国有地がいつの間にか私有地になっている。そうなると米軍用地として地代で得たその不当利得を返還する義務があるのじゃないか、と主張されたら反論できないと思います。

渡邉　ただ、その土地は基地がずっと占有していたわけですよね。つまり基地が占有者なんですが、そこで賃貸者契約を結ばれちゃっているじゃないですか。ということは、賃借が生じたということを認めたことになるので、日本の法律じゃ国は勝てないですね。契約を結ぶ前の段階だったら勝てるんですが、いったん結ばれた契約は、相手に所有権があったことを認めたことになってしまうので勝てません。

惠　だから、サンフランシスコ講和条約で大儲けしたのは沖縄なんです。日本の完全な主権でなくて、あくまでも潜在主権でしたから、やりたい放題だったのです。

渡邉　いわば、当たり屋ですよね。

恵　今回、米軍北部訓練場の過半が返還されました。返還された軍用地が私有地が主だったら、返還反対運動が起きるのですよ。ところが今回は公有地が主で私有地は少ないものだから、返還反対運動が起きなかったのですよ。

渡邉　得する人が少ない、お金になる人が少ないと、文句も少ないわけですね。

恵　そうです。非常に複雑なところなのですよ。左翼や地元マスコミは本件に触れたがらないのです。

那覇市のほとんどは埋立地という不都合な真実

恵　反対派のなかで環境問題を論じる人たちも矛盾しています。たとえば一二〇ヘクタールの埋め立てが海を汚すと反対していますが、沖縄県はすでに二〇〇〇ヘクタール以上の埋め立てしていて、さらにあと二〇〇〇ヘクタールの埋め立て計画があるのです。こうしたことにはまったく口をはさまずに、辺野古だけに焦点を当てているということは、やはり反対のための反対と言わざるをえません。環境問題というのは、大衆を煽動(せんどう)するには非常に都合がいい道具なのです。沖縄タイムスも琉球新報も小学生向けの新聞をつくっていて、自然保護というタイトルで紙面に大きく打ち出しています。これも偏向しています。

渡邉　ちょっと前に朝日新聞の記者が、「辺野古の埋め立てが開始されたことで辺野古の自然が侵されていく」「サンゴや天然資源が死んでいく」と書いたんだけど、それに対してインターネットの反応は、「朝日よ、お前が言うな」と（笑）。一九八九（平成元）年に、サンゴに「ＫＹ」と刻まれている写真を載せて、こんなひどいことをしているという論を展開しておきながら、じつはそれが朝日記者の自作自演だったという事件（朝日新聞珊瑚記事捏造事件）がありましたよね。そのことを言っているんです。

惠　ちなみに那覇市の土地の大半はもともと埋立地なんですよ（笑）。現在の那覇の中心部は遠浅の海だったのです。もともと沖縄はサンゴ礁の隆起しているところなので、遠浅が多いのです。

自分は埋立地に住んでいながら、埋め立て反対というのはおかしいじゃないかと言われたら、彼らは反論できません。辺野古で反対運動しているグループは「ジュゴンを守れ」と声高に発言しています。それなのに彼らは、名護湾で捕獲したイルカを食べている。ジュゴンとイルカは同じ哺乳類なのに基地反対運動では差別（区別）されているのです。

沖縄の高額所得者の正体

渡邉 飲酒率が非常に高いということはわかりましたが、これだけお酒を飲める経済的な根拠はなんなのでしょうか。

惠 メインで飲まれているものは泡盛(あわもり)です。安いものだから。

渡邉 安いんですか。

惠 そうです、焼酎より二割ぐらい安いです。ビール会社と泡盛会社（酒造業者）の税金が減免されているのです。だから那覇市内の飲食店では飲み放題のところもあります。ただし、復帰のときに営業していた会社だけで新規参入は認めないとなっています。

渡邉 沖縄では、基本的に企業は全部特別減税の対象なんですか。

惠 そうです。それなのに沖縄の製造業は県民の生産額の二%くらいしか占めていない。泡盛とかオリオンビールとかおみやげ加工を含めての数字ですが、いかにも少ない。いかに沖縄で製造業が興っていないかの証拠です。

渡邉 そうなるとますます沖縄県民の収入が気になります。地主とか一部の人間は儲かっているけど、それ以外の人間は収入が低いということですよね。

惠　内閣府がまとめた「県民経済計算」を見ますと、沖縄県民の一人当たりの所得がダントツで最下位です。ただし所得者一〇〇〇人当たりの一〇〇〇一万円超の割合を見ると、全国で第一〇位。年収一〇〇〇万円を超える高額所得者の割合は福岡や広島より多いのです。意外でしょうが、那覇市内にはベンツやＢＭＷがごろごろ走っています。

渡邉　つまり所得格差が激しいのですね。地主以外にはどんな人がお金を持っているのでしょうか。

惠　まずは企業経営者です。いくつか社名を挙げてきましたが、基地関連や県政に関与している建設業界の経営者は押しなべて金を持っています。その次は県庁の職員です。県庁の課長職以上なら、年収一〇〇〇万円以上をもらっています。しかもそれは知事選の勝利に貢献した人に褒賞として、部長や課長のポストが与えられます。

さらに現職の首長や議員を支援している企業や団体にもお金が回ってきます。交付金が使い切れないと思ったら、「お金を抱いてくれ」と県幹部は受け入れ先を探すほどです。一回で数千万円という単位もあるそうですから、多少ふところに入れても文句は出ないでしょう。こういったお金ももとは税金です。

所得者1000人当たりの1001万円超所得者数(平成24年度)

順位	都道府県	所得者1000人あたりの1001万円超所得者数	1001万円超所得者総数(A)	全所得者数(B)
1	東京	95.96人	254,226人	2,649,214人
2	神奈川	66.63人	107,478人	1,613,074人
3	愛知	56.62人	70,960人	1,253,277人
4	大阪	54.25人	75,130人	1,384,820人
5	兵庫	52.34人	48,924人	934,803人
6	京都	52.25人	22,606人	432,668人
7	千葉	50.42人	52,750人	1,046,311人
8	奈良	50.26人	11,652人	231,842人
9	埼玉	47.57人	56,867人	1,195,534人
10	**沖縄**	**46.48人**	**7,739人**	**166,506人**
11	福岡	45.38人	35,053人	772,477人
12	徳島	40.27人	4,716人	117,095人
13	静岡	40.05人	26,413人	659,529人
14	広島	39.29人	19,413人	494,154人
15	滋賀	38.77人	8,899人	229,538人

所得者1,000人当たりの1,001万円超所得者数:A÷B×1,000
出典:国税庁「税務統計」平成24年分

渡邉　名目は、沖縄振興策に関する研究費となるわけだ。

恵　米軍統治二七年間の前半というのは、沖縄が経済的に豊かで天国だった時代でした。みんながそれなりに働いて食べていました。しかもシボレー、フォード、リンカーンなどの重量級の高級外車が街中を走っていました。ダットサンのタクシーを見たときびっくりしたほどです。あまりにも小さくてコンパクトなものだから、「こんな車に人が乗れるんだ」。当時、あまりの豪勢さに内地から来た観光客がおどおどしていました。

渡邉　まともに働かなくなった人でも餓死はしないのですから、沖縄はいまでもパラダイスかもしれませんよ。

沖縄やくざの実態

渡邉　沖縄のやくざというのは実態はどうなんですか。アンダーグラウンドのビジネスというか。

惠　以前、中国の江沢民（こうたくみん）政権の頃に、中国の軍部がずいぶん腐敗したことがありましたでしょう。そのとき東シナ海で拳銃の密輸の事案が多発していて、沖縄のやくざはその事件をめぐって相当の内部抗争を繰り返したのです。

沖縄のやくざと内地のやくざの違いは、内地の場合は親分子分の親子関係があるじゃないですか。沖縄の場合は、シンカといってみんな同等の友達で、横並びなんです。だから、給料いかんによっては、明日にでもすぐ裏切る傾向がある。内部抗争が拡大していた一九九四（平成六）年から九五（平成七）年にかけて、もう沖縄県警が手に負えなくなって九州管区から五〇〇名以上の警察官が応援に来てやっと鎮圧したほどです。そういうことがあって、沖縄の暴力団はなかなか統制しにくい組織です。

渡邉　すこし前に山口組（神戸山口組系）の元組長である金融ヤクザの人と対談したので

すが、沖縄戦争という言葉が出てきても、そのあたりの歴史が全然わからない。それと、やくざというのは日本本土でも問題になっているんですが、本来は保守じゃないとおかしい。神道ですし、天照大神(あまてらすおおみかみ)を祀(まつ)っていますから。ところが山口組六代目にかわったときに、反体制・反権力にすりかわって、山口組をおかしくしてしまった。それで結果的に、いわゆる神戸にいる、もともとの日本精神を大事にする神戸山口組たちと、いわゆるギャング化した山口組とに分裂したと言われているんです。そこで沖縄においては昔から、いわゆる日本のやくざの組みたいな組織だったものはなかったわけですか。

恵　戦後間もない頃、沖縄は法的に内地と違ってかなりイージーなところがあったものだから、暴力団が借金の取り立てとか盗難車の捜索とかの探偵事務所みたいなのをやっていたのです。警察幹部で癒着する者もいた。さらに労使紛争のさいに企業側が組合対策に使った。そういうことで非常に肥大化していったのです。そのうち米軍から流れてくる手りゅう弾とか機関銃といったものを内地に密売してぼろ儲けした。

最近では台湾のマフィアと協定を結んだり、聞いた話では北京系の暴力団が沖縄の暴力団を取り込もうとしています。

渡邉　北京がやくざまで取り込む?

惠　やくざまで取り込もうとしている。なぜか沖縄のやくざが北京に招待されて、すごい厚遇を受けたらしい。

渡邉　なぜ沖縄のやくざの話をうかがったかというと、反基地活動にいわゆる朝鮮系の暴力団がかかわっていると言われています。有名な在日運動家の弟もやくざなんですけども、そういうのが積極的にかかわっていると聞きました。沖縄の反基地活動などにも、いわゆる反社会的勢力、暴力団などがどのように関与しているのか、それとも関与していないのか。それとも単にビジネスなのかという疑問があります。

惠　両面で関与しています。たとえば、沖縄の暴力団はジャリの利権を握っていますから、わざと闘争を起こして工事を遅延させて、国から違約金を取るとか延滞金を取るとかいうことでどんどん取り分を増やしていってるのです。

渡邉　それは本州の生コン労組のやり方と一緒です。生コン労組は本州でものすごい力を持っています。なぜかといえば、生コン車のドライバーが反乱を起こすと、コンクリートが固まって車一台お釈迦（しゃか）になっちゃう。また、工期に遅れが出れば、建設会社は膨大な違約金に悩まされる。やり方、手口が一緒なので、そのあたりの朝鮮系のグループとたぶんつながっているんだと思います。沖縄県人の県民性というかイージーなところ、ゆるいところもあるんでしょうし、同時に警察も弱いですよ。

第五章

沖縄と日本を売る職業・左翼の闇

琉球言語は抹殺されたとうそぶく左翼

渡邉　日本国政府として、本来だったら同等に扱うべきものをそう扱わずに補助金漬けにするから、補助金目当ての左翼やNPOなどの団体がどんどん巣食っていく。もっとも、政府としても、補助金を止めれば止めたで、それに対する反対アレルギーが強烈で選挙で勝てなくなる。

まったく悪循環というほかないのですが、やはりこれはどこかで断ち切らないといけないマイナスの連鎖です。沖縄に住んでいる人の立場から見て、どうしたらいいと思いますか？

惠　私は、本件を口酸っぱく言ってきました。県民啓蒙（けいもう）が何より大事だと思いますね。とくに若い世代に対して、史実を学ばせることですね。

私自身の経験でいうと、小学校に入学した直後、沖縄が米国統治下にあった時代、担任教師に映画館に連れていかれて、沖縄の自由民権運動というテーマの映画を見せられたことをはっきり覚えています。明治三十年頃の沖縄を描いたドラマで、鹿児島出身の奈良原（ならはら）

繁知事（第四代）に、沖縄出身の官吏が抵抗して最終的には狂死するという内容でした。それを見ていて、祖国に対する恨みが自然発生的に湧いてきました。とくに奈良原知事の出身地である薩摩に対してそういう感情が湧いてきたのです。のちのちになって勉強してみると、じつは悪者はその狂死した男だったとわかって、びっくりしたのです。謝花昇という男です。だいたい、文字一つ読み書きできず自分の名前すら書けない、裸足で歩いている大衆が「自由民権運動」って何だったのでしょうか。

当時は明治政府の近代化政策を親中勢力がことごとく妨害しておりました（琉球帰属問題）。知事はそのような勢力に毅然と対応したのです。結果、沖縄の近代化はようやく成就したのです。知事の努力のおかげで一九〇七（明治四十）年には就学率が九三%に向上しています。そこで一九〇八（明治四十一）年の知事離任にあたって沖縄県民が浄財を出し合って、知事の銅像まで那覇に建立したほどです。沖縄戦で台座部分を残してなくなってしまいましたがね。ただ、

東風平運動公園にある謝花昇の銅像

謝花昇の銅像は戦後になって地元民によって生誕地に建てられて、いつの間にか「英雄」になっている。戦前と戦後では天地がさかさまの感がします。

渡邉　歴史が改竄（かいざん）されて伝えられているわけですね。

惠　それからよく近代化策として日本政府は沖縄県民の言語を抹殺したという話がありま す。

沖縄には方言が六つぐらいあるのですよ。与那国島、宮古、石垣、（沖縄本島）北部、中部、南部でそれぞれ異なるのです。それが廃藩置県で標準語が徹底してきて統一されていったという経緯があります。

沖縄方言というのは、奈良時代の日本語の名残が多いものだから、語彙（ごい）も少ないし、どうしても沖縄方言では内地に行くとコミュニケーションがうまくいかない。だから、私が小学校の頃も、そういう方言使用罪みたいなのがあったのですね。

渡邉　方言罪ですか？

惠　要するに学校内での一種のペナルティで、方言をしゃべった生徒は担任の先生からほうきで尻を叩かれたのです。

左翼はこれを琉球国文化の破壊と批判しているのです。韓国で日本語をしゃべれと言ったのと同じようなことを、沖縄でもやったというふうに批判するのですけども、実際はそうではありません。そもそも沖縄方言には数字が一から十までしかありません。十一以降は標準語に頼らざるをえない。また独自の文字がないため、熟語表現も不可能なのです。

方言罪の始まりは方言を追放して標準語を普及させるため、方言使用者にカマボコ板大の木札をかけさせ、見せしめにすることと言われていました。いわゆる「方言札」です。ところがそれを始めたのは、別に軍国主義の一環ではなくて、あくまでも沖縄の人間が内地で学ぶときや働くときに言葉で苦労させないための教育だったのです。それにもかかわらずこれも左翼によって全部軍国主義につくりかえられている。

一九三九（昭和十四）年六月、県出身初の内務政務次官となった漢那憲和が石垣島で講演したさい、「沖縄人は沖縄人と言う前にまず日本人であるとの自覚を持ち、普通語を自由に話すようにせねばならない。今日の社会で活動するうえは沖縄語では間に合わない」と強調しているほどです（沖縄県史）。

一九七九（昭和五十四）年に琉球大学の東江平之教授らが、「共通語（標準語）能力は学力に影響する」との共同研究を発表しています。

渡邉　言語というのは、何をするにしても重要な要素ですからね。昭和三十年代以降に鎌倉市で旧集落の児童が使う方言や、「〇〇でねー」、「〇〇でさー」、「〇〇でよー」などといった言葉遣いを「悪い言葉」と見なして弾圧、排除する「ネ・サ・ヨ運動」がありました。この運動は同様の問題に悩む全国各地の学校で着目され、多くの学校で導入されたといわれています。このときは何の問題もなかったし、方言で悩む地方は数多くあった。それなのにNHKの番組で「方言札」＝「悪」の図式で取り上げられるなど、いまになって沖縄だけがクローズアップされてしまったのですね。

惠　戦前移民として中南米に行った沖縄県民たちが、日本人同胞とコミュケーションがうまくとれず不遇をかこったという話をよく聞きました。それで地元有志が一九三四（昭和九）年六月十一日、那覇市内に「開洋会館」を建設し、移民に出る若者たちにマナーや言葉遣いを教える機会教育を行っていたのです。

革マルが牛耳る沖縄の教育界

惠　こうした歴史の捏造を正さなければなりません。ただ、いまの沖縄教育界にも問題は多いのです。たとえば、沖縄教職員組合（以下沖教祖）は革マル派が牛耳っているのですよ。

渡邉　革マル派が？

惠　そうです。だから、沖縄の子どもたちは、小学校に入るや否や、「琉球王国という豊かな国、民主的な国が存在していた。明治になって日本政府によって滅ぼされた。沖縄戦によって多大の犠牲を強いられ、戦後は米軍基地が建設された。米軍はレイプ、ひき逃げ、騒音など、三悪をまき散らしている」と、絶えず被害者史観を聞かされるのです。沖教組は韓国で行われているような反日教育を沖縄で行っているのです。

渡邉　いわゆるネガティブキャンペーン。恐怖の植えつけですね。共産主義者のよくやる手口です。できないと言ってあきらめさせ、そして、妬(ねた)みそねみ、恐怖心を植えつけ、人民を主導していくという、共産主義のプロパガンダ手法そのままですよね。そのスキームに完全にはまっちゃっている。だから、一種の洗脳を解かなくちゃいけないわけですよね。

ただ、日本の制度上は教育委員会が教育方針を決め、国は直接関与できないという構造になっているので、沖縄の人たちが自ら議会を突き動かし、民意でそこの部分を変えようとしないかぎり、まったく変わらないわけですが。

沖縄が左翼の吹き溜まりになる理由

惠 戦後の沖縄は、戦前世代が存命している間はまだよかったのです。日本人という意識が確かにあった。ところが戦後世代に変わると、「沖縄人」だという意識や被害者史観を抱いている県民がけっこういます。

それにバイアスをかけているのが、マスメディア、そして左翼学者たちです。いまや沖縄は、左翼不良学者の吹き溜まりになっています。だから、琉球大学以下の地元大学では、左翼系の言動をしないと教員に採用されない。

渡邉 琉球大学なんかもこういったら大変申しわけないけど、偏差値が低いじゃないですか。あとは、いわゆる補助金、助成金などの問題もあり、最初に沖縄の学生紛争の掃きだめみたいな人たちが琉球大学に入って、そのまま琉球大学の教授になり、その人脈で人を引っ張る、というのはあるでしょうね。

惠 そうだと思います。一九六〇年代の後半以降、県外から多くの左翼活動家や学者が流入して来ました。米国民政府による入域審査が撤廃されたことが主因です。東大紛争が起きたあと、本土では就職できなくなった医師たちも移住して沖縄に来たのです。

渡邉　沖縄には布令（ふれい）弁護士という、沖縄だけしか開業できない資格の弁護士さんがいますよね。

惠　布令弁護士というのは、米軍布令に基づいて弁護士資格を得た人々です。いま、照屋（てるや）寛徳（かんとく）という社民党所属の衆議院議員がいますが、彼が米国統治最後の布令弁護士です。

渡邉　本土の司法試験は受けていないわけですね。資格を持っている人がいなさすぎたので、いわゆる役人さんたちでも一定の弁護士の資格を持つことをできるようにした。そのため沖縄復帰前に正式に司法試験に合格していない布令弁護士が一五一人もいて、法務省の司法試験管理委員会（現在の司法試験委員会）によって司法試験よりも安易な筆記試験を行ったところ、モンテスキューの法の精神にうたわれた三権分立さえ回答できない者もいたと惠先生の著作で読みました。

惠　そうなんです。弁護士事務所に勤めていた事務職員でも一定年限就労していれば弁護士資格が取れたのです。日本政府は復帰に伴う特別措置でずいぶん県民を甘やかした。現在の沖縄県のひずみの原因をつくったのです。「沖縄の弁護士資格者等に対する本邦の弁護士資格等の付与に関する特別措置法」（一九七〇年・昭和四十五年法律第三三号）が制定され、この法律に基づく選考に合格した者は日本全国での弁護士資格が認められ、選考に合格しなくても復帰後も沖縄県内に限り「沖縄弁護士」の名称を用いての弁護士業務が認められています。

ちなみに地元の土建業界の話を聞くと、照屋議員を顧問に頼めば防衛省発注工事が受注しやすいと言うのですよ。防衛局としても左翼の巨頭と友好関係を維持していると、いざというとき裏取引ができるからでしょうか……。

渡邉　国の中央の役人も地元の財界もそんな感じだとすれば、一番困っているのは結局地元の普通の人ですよね。

惠　一番の被害者は地元でまじめに働いている人たちですね。左翼で騒いでいる連中はまた別ですけどね。

渡邉　沖縄はその悪い循環が問題なんですよ。よく聞く話ですが、役所などは一点豪華主義的みたいな建物でも、普通の人たちが使うところはボロボロだったりする。日本のほかの市町村でも、やはりふるさと創生資金でつくったわけのわからない建物がある一方で、その周りの道がボロボロだったりとか、同じ問題がたくさんあるんですが、沖縄はそれがすごく悪い形で出ているような気がしますね。

惠　そうですね。いまメスを入れておかないと、本当に基地がなくなった場合、あるいは大幅縮小されたときパニックになるでしょうね。

渡邉　予算が当然カットされますからね。

いわゆる脱法的な甘やかしを行ったことによって、それが当たり前のようになり、どんどんとずるくなっていく。

惠　人間というのは普通、自分の先祖が偉かったと認識することが、自尊心を高める手段ではないですか。だから「琉球王国は偉大だった」ということになる。もちろん、誇りを持つことは悪いことではありませんが、史実じゃないことをベースにした議論が行われることが問題です。沖縄は「万国津梁（ばんこくしんりょう）」と自称して東アジアにおける各国の中継役を担ってきたというのだけど、検証をしてみると、鎖国下の日本で一国二制度下にあっただけ。王国自体はじつはいまの北朝鮮のような独裁国家だったのです。

そうした史実を踏まえたうえで、明日の沖縄をどう創っていくかを考えなければいけない。ところがそういう意識までなりきれないのですよ。琉球王国がよかった、琉球処分がなければ沖縄戦もなかったという短絡したイメージのまま間違った主張をしている。

アメリカがつくった琉球新報が反米に転換した理由

渡邉 そうした言論状況において、沖縄県の新聞のなかでは保守色の強い八重山日報が孤軍奮闘していています。惠先生も論説委員長を務められていましたね。沖縄本島版を出すということですけれども。

惠 はい、すでに二〇一七（平成二十九）年四月から本島版も発行されています。ところが八重山日報は紙面スペースが小さい。結局、琉球新報、沖縄タイムスを駆逐するには、いまのところまだ時間がかかると思います。

私は新聞という媒体には限界があると思いますよ。時事問題や経済、国際情勢に関してリポートするけど、過去の記事、歴史も書かないといけない。たとえば、アメリカ統治時代や戦前の皇室の支援などあまりにも知らせるべきことが多すぎて、現在の八重山日報のスペースでは困難だと思いますね。

渡邉 そのほかの新聞についてはいかがでしょうか？

惠 琉球新報と沖縄タイムスというのが二大紙ですよね。沖縄タイムスが朝日新聞系列、琉球新報は一応読売新聞系列でしたが、先ほども申し上げたように琉新は台湾のワンワングループと提携しています。両紙とも、琉球王国時代をファンタジーに描いて県民の自尊心をメイクしていますよ。ただ、一九六〇年代前半までは、琉球新報も沖縄タイムスもかなり親米だったのです。

そもそも琉球新報というのは米軍がつくった新聞社ですから当たり前なのです。一九四五（昭和二十）年七月二十五日の収容所内で、「うるま新報」というのができて、それが一九五一（昭和二十六）年九月十日サンフランシスコ講和条約調印を機に、祝意を表して「琉球新報」と自ら名称を変更しただけのものです。ところがいま、同紙は同調印を「屈辱の歴史」と呼んでいます。

渡邉　それが反米に転換していったのは、沖縄返還前後に、大卒の左翼の連中が新聞社に入り込んでいったから、ということですか？

惠　そうですね。一九六〇年代前半までは、「琉米親善」というフレーズが流行（はや）っていました。反米の人間は村八分になった時期もあったのです。ところが、六〇年代後半のベトナム戦争の終盤になって米軍が北爆を始めると、傷ついた子どもたちとか、枯葉剤によって生まれてきた奇形児たちが沖縄の新聞に大きく出るようになってきた。自分たちが信じていた米軍はこんな悪事を働いているのかという印象操作が域内に拡がった。それから反米思想が燎原(りょうげん)の炎のように拡大していったのです。

新聞社は一九六〇年代の後半から紙面が変わり始めた。ベトナム戦争の記事で、「南ベトナム解放」という表現がされるようになっていきました。琉球新報も沖縄タイムスも、以前は米軍人が人命救助したとか、カンパを集めて難病の子どもたちをアメリカ本国で手術させたとか、美談も掲載していたのですよ。そういう記事が掲載されなくなっていきました。

沖縄の新聞に巣食う在日

惠　それまでは、米兵が人命救助をしたりすると、素直に書いていました。ところが、一九九六（平成八）年ぐらいから、米軍人が沖縄県民に臓器提供しても一切書かなくなったのです。

そうした美談をはじめ、現在ではプラス面のことはまったく書かなくなっています。米軍人による事件や事故に関しては針小棒大に取り上げるようになった。

渡邉　平成八年ということは、いまから約二〇年前ですね。

惠　一九九五（平成七）年に少女暴行事件が起きたでしょう。その後は、米軍人が起こす事件、事故だけに焦点を当てる一方、沖縄とか内地の人が起こしたレイプ事件は一切掲載されなくなっていましたよ。九五年の後半ぐらいからね。

渡邉　その頃の中国はといえば、改革開放路線が軌道に乗り始めて、外に向かって開き始めたころですね。いわゆる上海閥が力を持ち始めたあたり。

惠　江沢民国家主席の頃ですね。

渡邉　そのあたりから、緩やかではあるものの、何らかの情報操作が行われていたという感じですか。

惠　そうそう。あの頃は大田昌秀県政でした。県庁が一九九六（平成八）年一月に基地返還アクションプログラムを発表しました。「二〇一五年までに沖縄の米軍基地を全部撤去させる」と公表したのです。翌年香港が中国へ返還されました。すると沖縄とリンクされ始めていったのです。中国の主張では、もともと沖縄も中国のものだから、香港の次は沖縄だと言い始めた。

渡邉　情報戦のなかで、中国から内部浸透されて恣意的にメディアを牛耳られて……という構図が、そのあたりから明確に出始めたと感じられます。

惠　そうです。加えて、内地の大手新聞社の入社試験に落ちた在日の連中が沖縄の新聞社に入社し始めた。彼らは巧妙に反日的な記事を書きだしたのですよ。

渡邉　じゃあ、沖縄の新聞社の記者のなかには、在日朝鮮人が多いということですか。

惠　多い、とまでは言い切れませんけど、在籍していることは間違いないようです。それは同社社員からの情報です。彼らが、巧みに反日記事を書き始めているのです。

沖縄の電波利権

惠　メディアでいうと、テレビもひどいです。とくに琉球放送などは歴史を歪曲（わいきょく）した番組が多い。二〇一三年、琉球放送、ラジオ沖縄と地元二紙を加えた四社は自社労組と協定を結び、「自衛隊の功績や県民に感動を与える活動は報道しない」と明文化しています。対象は米軍も同様ですね。これと前後して東日本大震災が起きましたが、地元マスコミは一切、米軍や自衛隊の活動を報道しなかったばかりか、琉球新報のある記者は「米軍による宣撫（せんぶ）工作」と発言していました。

沖縄では被災地での自衛隊の活動が報道されない?

渡邉　沖縄のテレビ局は何局あるんですか?

惠　琉球放送、沖縄テレビ、琉球朝日放送、の三つです。

渡邉　それぞれのキー局はどこでしょうか。

惠　キー局は、上から順にTBS、フジテレビ、テレビ朝日。

渡邉　読売テレビ(日テレ系)はないんですね?

惠　沖縄復帰のさいに、琉球放送の社長が政治工作して、日テレ系を全部ボイコットさせたんです。日テレは保守系だったしシェアが大きかったものだから、これが来たらひとたまりもないと思ったのでしょうね。

それに関連していうと、琉球放送代表取締役最高顧問に小禄邦男さんという方がいます。この方が琉球放送のビル内に琉球朝日放送を設立されました。一つのビルのなかに二つの放送局を経営したのです。

渡邉　ということは、チャンネル数は二つですか？

惠　3チャンネル（琉球放送）と5チャンネル（琉球朝日放送）。

渡邉　一応、法人格として別人格にして、株主の持ち株比率を建前上別人にしていれば、放送法上、問題ないわけですね。たとえば親会社が片方持っていて、子会社がもう片方持っていればできるわけですが……。

惠　それで、沖縄での電波における圧倒的シェアを占めているのです。これが沖縄の言論界をいま牛耳っているのですよ、闇の言論界を。その電波に関しては琉球放送が圧倒的なシェアを維持しているのです。

新しいモデルの配信システムで県民の啓蒙を

渡邉　まさに電波利権ですね。いま、BS、CSがずいぶん増えてきて、テレビも多局化し始めてはいるのですが、そういう現状を聞くかぎり、一つの方法として、BS、CSをみんなが視聴できるように共同アンテナを立てるとか、多チャンネル化して一社の独占系構造の情報操作を防ぐとか手立てを考えなければなりません。解決策としては、そういう方法もあるのかなと思いますね。

あとは、とくに沖縄は離島地域が多いものですから、電波でやるよりも、場合によっては携帯電話のほうがいいかもしれない。電話線は引かれているはずなので、高速の光ファイバー網を使った配信システムをやる。実際、テレビ配信もいまはできますし。それを国が税金を使ってやっちゃうという手はありますよね。光ファイバーの全国整備計画によって、日本全国どこでも同じ条件で高速ファイバー網そのものはできていますから手間はからない。スマホで映画も観られる時代ですからね。

いま、サイマル放送というのがあって、インターネットを使った生放送は非常にローコストでつくろうと思えばつくれるんですよ。だから、サイマル放送の仕組みと沖縄の独自局を、いわゆるネット上の独自局をつくるのはやろうと思えば可能です。こうした方法でもう一度仕切り直す、そこで県民を啓蒙するという方法はアリですよね。

惠　そうですね。

渡邉　現在のメディアの大きな問題点は、国の借金がいくらあるという報道はしても、では改善のために何をカットしますか、どこまでサービスをカットしますか、それとも増税しますかというような、解決に向けた話をしないのです。

高福祉というのは必然的に高税率になるわけで、高福祉、高負担なんです。逆に低福祉、低負担が原則です。このバランスをまったく無視して金は出せ、かわいそうだから助けろ、借金は増やすな、税金は増やすな、これでは誰も解決不可能です。最初からそろばん勘定が壊れているわけですよね。

言論人と言われるような人たちにしても、ちゃんとその論理に従って説明している人が少ない。政治家は票を失いたくないからそこには触りたくなくて、国民は見たくもないものは目をふさぎ、戦争がないものだから安泰で平和ぼけが蔓延(まんえん)し、そういう社会福祉だとかサービスとかそういうものを、国家がサービスするのが当たり前だと誤解をしている。あって当たり前だから少しでも減らされると文句を言い、「もっとくれ」「もっとくれ」と騒いで、騒いだ人たちに乗っかる利権屋に政治家や役人も加わる——という、本当に腐った言論状況に堕落してしまっていますね。

沖縄では「左翼無罪」が当たり前

惠　中国では愛国無罪というのがあるけど、沖縄では「左翼無罪」。左翼だったら犯罪を犯してもなかなか捕まらないんですよ。

渡邉　結局、警察が弱いんです。他府県でこれをやったら一発で逮捕できる案件でも、沖縄の警察はなかなか逮捕しない。防衛施設庁の問題もそうだし、ワイヤー付きの風船や凧によるオスプレイの航行妨害などもそうですね。あんなものは完全に航空安全を妨げる行為なので、もっと重い処罰の対象になるんだけど、それがなされていない。

処罰しないからつけ上がるし、さらに日本政府への不満をつのらせていく。挙句、逮捕したら「警察が悪い」に彼らはすりかえる。そうしたすりかえをさせないように、どうやって刑務所へ落としていくかだと思うんですね。

彼らの発想は、たとえば選挙で落ちたとすると「保育園落ちた、日本死ね」と一緒で、「選挙に落ちた、日本死ね」になる。自民党が強いのが悪いのだと文句を言う。われわれを負けさせた安倍が悪い、全部自分以外の何か――とくに日本が悪いという論理にすりかえる。

自分たちが犯罪を犯したから捕まったという法治国家の原理を無視して、捕まえたあいつらが自分の言論活動の邪魔をする、人権の侵害をするという被害者の立場にすりかえる。

惠　オスプレイが沖縄に配備される直前の二〇一四（平成二十四）年九月十一日、沖縄県警は補助金適正化法違反の容疑で仲井眞知事（当時）の知事公室の家宅捜索に踏み切りました（いわゆる「識名トンネル工事虚偽契約問題」）。ところが極左系メディアは、この日がやがて配備されるオスプレイが岩国基地で試験飛行を開始した日と同日だったため、「家宅捜査を試験飛行にあてたという『政府の思惑が働いた』との見方が出ている」と論評したのです（週刊金曜日同年十月五日号）。おかげで知事はオスプレイ沖縄配備撤回闘争に便乗して、県警の追及を回避することに成功したのです。結局、仲井眞氏は首がつながった。その後、基地移設に向けた辺野古沖の埋め立てを承認したことが免罪符となって、容疑は自然消滅となりました。

渡邉　本来はジャーナリズムというのは、そういう不正を暴くのが仕事のはずです。イデオロギー活動をするならジャーナリズムじゃない。いわゆる権力の監視というのは、それは県であろうが国であろうが、右の政治家であろうが左の政治家であろうが、悪いことをしたら悪いというのが本来のジャーナリズムであるはずなんですが、全然それが正常に機能していない。これは沖縄だけの問題じゃないかもしれないけど、沖縄はとくにひどいですよね。

惠　しかも安全保障問題と絡んでくるものだから、ますます複雑になってくる。日本政府もとくに国防政策でアメリカに甘えているから、自立して思考することができなくなってきている。昨年（二〇一六年）十二月、オスプレイが不時着大破したときも、海上保安庁は航空危険行為処罰法違反容疑で捜査に着手しようとしたのです。それにはアメリカ政府も呆れたのです。軍命で訓練していたパイロットをまるで暴走族扱いするからです。「それじゃあ戦闘訓練もできないじゃないか」と怒っています。

国防、国防と言いながらも、憲法九条を放置して自衛力の保持を法的にあいまいにしているものだから軍法に関する理解ができない。何かあったときにはアメリカに頼ろうとする日本政府のだらしなさ。沖縄の左翼たちもそれを見抜いていますよ。「沖縄から日本政府に対して日米地位協定改訂を主張すれば、政府は困惑し、日本国民は反論できない」とね。沖縄で発生する問題の多くは、国政にも一因があるのですよ。

渡邉　安全保障の問題があるから政府側も強気で出られない。政府が強気に出ないことをわかっているから、彼らは横暴を働くという図式です。で、徐々に浸食するように既得権益を拡大していく。もちろん、こんなことが続くのは好ましいことではないので、どうにかして流れを変えていかなきゃいけないでしょうね。

惠　本当ですよ。どこかでリセットしないといけないですね。

歴史を振り返ると、沖縄は王国時代に共産主義体制を実体験しているのだから、その欠点を理解すべきなのです。その時代、百姓は約三〇〇年にわたって農奴のような生活を強いられてきた。その体制ゆえに近代化に乗り遅れた。すると「また共産主義に戻ろう」と戦後になって言い始めた。瀬長亀次郎という男が中心となって沖縄に日本共産党のセクト（分派組織）をつくっていったのです。日本復帰運動も反米とからめて煽動していたのですね。

彼らはセクト（分派組織）をつくるのが非常にうまく、人々を煽情的にまとめていった。一九五〇年代、瀬長は「島ぐるみ闘争」を起こして、反米で県民を統合して政治闘争に持っていこうとしたのです。こうした手口は彼らの常套手段ですよ。

今回の「オスプレイ」の配備反対運動を見ても、「オール沖縄」を結成して翁長を知事選に当選させて国と対立させる。こういうプロモーションの仕方は、一九五〇年代にそっくりです。瀬長の亡霊が主導しているかのようです。

渡邉　確かに、手口は全部一緒ですね。最近でも、ＳＥＡＬＤｓの問題や、「保育園落ちた、日本死ね」の問題なども、動いている人間は同じで、使うメディアも一緒で、プロモーションをかけて煽動していった。ただ、さすがに最近は効かなくなり始めましたね。やり過ぎてインフレーションを起こした。これは、新聞をはじめとした既存メディア支配力が低下している証左です。新しい情報源であるインターネットが誕生し、これで少しずつ良い方向に変化しつつあるとはいえ、まだ道半ばという観があります。これを一気に進める必要があると私は思っています。

「差別」「弱者」という言論封殺

渡邉　さっきの差別の話もそうですが、事実を捻じ曲げる人たちは、あくまで沖縄は被害者じゃなければいけないという前提のもとに動く。被害者のポジションをとれば相手が攻撃をしづらい、金が取れる、この二つの要素があるんだと思いますね。

惠　そうですね。被害者ということになれば、議論を遮断することができますから。ヘイトだとか何とか言っている朝鮮人みたいに、沖縄人を差別していると思い込んでいる人と

中国・韓国・日本の防空識別圏

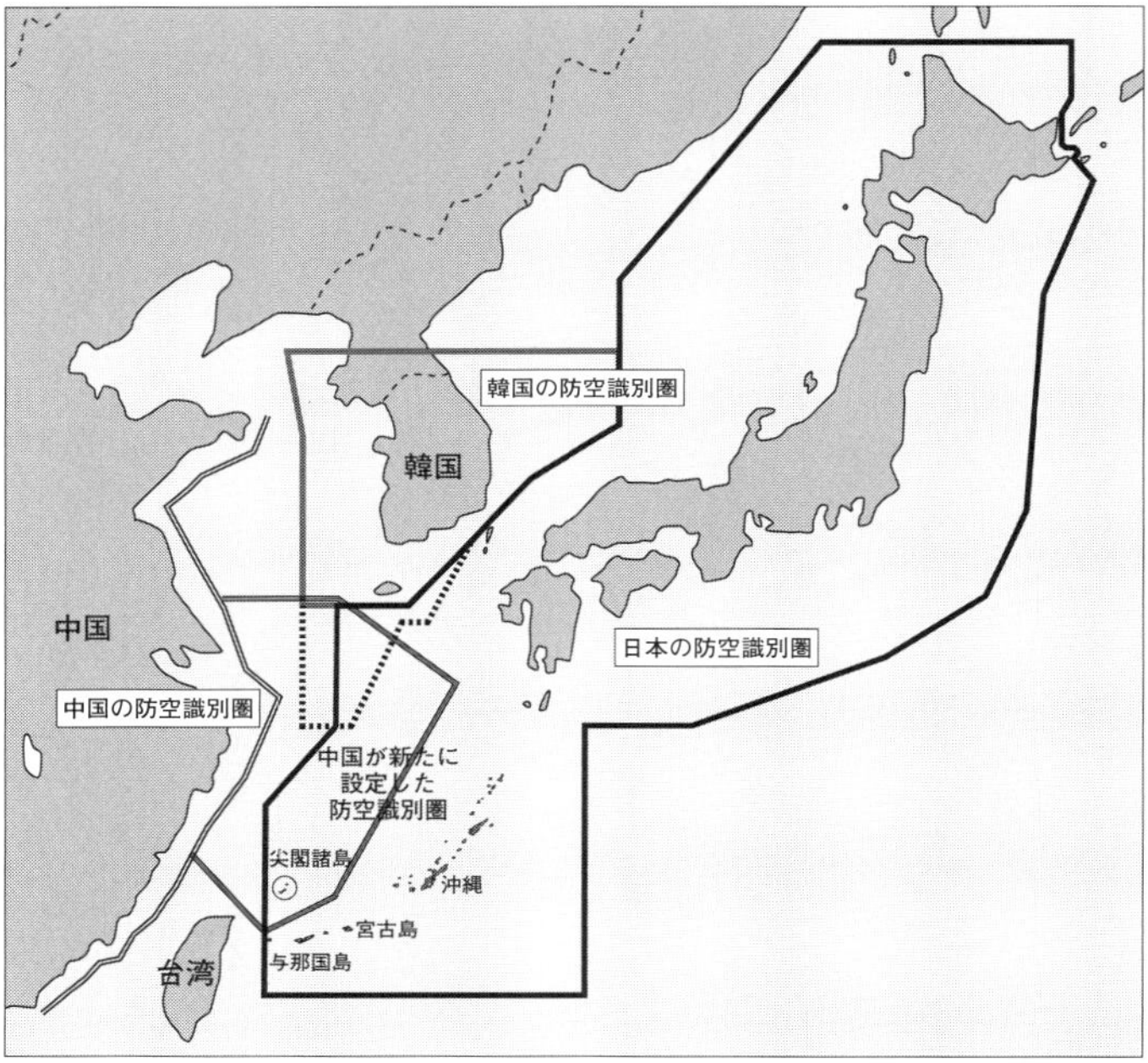

※「防衛白書」より

は議論になりません。

渡邉　差別されていると思い込む、あるいは差別されていると強調する、それこそ沖縄の差別なんですけどね。

結局のところ、言論弾圧ですよね、差別というのは、差別差別と騒いでいる人が差別を生み出しているところが大きいんですね。だって、特段何も言わなかったら差別なんてことはないわけですよ。「メディアが争い事を生み出す」とよく言われるんだけれども、その最たるものがこのメディア差別利権というやつで、いわゆる弱者のふりをする強者が、たかり屋というか当たり屋というか、差別されていること自体を利権化させている。

惠　本来、沖縄に関しては、差別とか何とかを抜きにして、どんどん裸の議論ができるようにしないと進歩がありません。

私としては、国家として、また沖縄県として根源的な問題について、議論し結論を出すべきときに来ていると思います。南西諸島は安全保障上、非常に重要な地域です。沖縄本島の面積は全国の〇・六％にすぎないけれど、沖縄を形成する三六三の島嶼（とうしょ）に属する領海および排他的経済水域は約四五万平方キロメートルに達し、本州の二倍近くにもなる。またＥＥＺ内には莫大な海底資源が眠っています。沖縄をたかが南の小さな島というとらえ方ではなく、南方にある広大な海洋県あるいは、資源地帯ととらえるべきではないでしょうか。そしてこの領域をいかに確保して発展させるかというテーマを議論すべきときに来ております。非常に重要な転換点に来ていると考えられます。

第六章

沖縄を取り戻す解決策

まずは歴史を正しく教えることが大切

渡邉　最後の章では沖縄の自立と日本の自立について論じたいと思います。ところで、沖縄の失業率はどうでしょうか？　相変わらず一〇％前後ですか？

恵　好況で沖縄の有効求人倍率は一・三四と復帰後最高を記録しています。その結果、失業率は三・八％まで低下しています。

渡邉　その三・八％も、じつは基地対策予算でＡＮＡの物流基地やハブ機能を持ってきたり、国策で電話サービスセンターを入れての数字ですから、基地がなくなれば失業率は一気に五％を超えるんじゃないですか。

恵　そうだと思いますね。

渡邉　基地がなくなれば、基地関連の飲食店も全滅。また、当然治安が一気に悪化し、中国の脅威にもさらされますから、まず観光客が来なくなります。第三次台湾危機のように安全に対するリスクが高まるということで、民間航空機のコースが中国によって制限されるでしょう。そうなれば当然、物流ハブとしても利用できなくなる。

惠　私は、やはりいまの沖縄には強いリーダーシップが必要だと思いますね。アメリカのトランプ大統領みたいに、言うこと聞かないやつは力ずくでねじ伏せてやるぞ、というぐらいの気迫がないと尖閣の問題も解決しません。しかし残念ながら、沖縄の政治家でそういう人は現在見当たらない。

とくに沖縄の保守系は大衆迎合どころか大衆追従型です。選挙に落ちたら元も子もないですからね。

渡邉　仮に、県外出身の議員で力がある人、選挙に強い人が沖縄に落下傘候補として立候補した場合、通ると思いますか。

惠　いや、通らないと思いますね。排他的な県民性と地元マスコミの影響力が大きいですから。ただ比例では可能かもしれませんね。

渡邉　小泉進次郎（しんじろう）さんや小池百合子さんでも？

惠　私はだめだと思う。

渡邉　そうですか。ただいろんな意見はあるでしょうけど、沖縄をよくしなくちゃいけないというのは、共通認識としてあるわけじゃないですか。だから、よくするために何ができるかを考えるしかないわけで、排除するもの、必要なもの、それを整理して、誰かがたたき台をつくらないと沖縄に未来はないと思うんですよ。
そこでうかがいたいんですが、これまで検討してきた沖縄の問題を、少しずつでも改善する方法として、何が考えられるでしょうか?

惠 やはり根本から見直す必要があって、どうしても教育とか価値観の問題に行きつく。正しい歴史教育をする。そして大切なのはモラル教育ですね。私が子どもの頃に受けたカトリックの教義にある自己犠牲と社会奉仕の精神ですね。
まず歴史教育についてですが、本土の中高生が沖縄に修学旅行に来ると、朝鮮と同じように、日本国は沖縄県民を抑圧したという贖罪（しょくざい）意識を植え付けられる。歴史教育をもっとフェアにすべきではないかと思うのですよ。モラルに関する沖縄の問題点はよく使われている「命（ヌチ）ド宝（タカラ）」というフレーズに尽きると思います。その意味は「自分の命だけが宝」で、自己主義の最たるものです。そもそも人間の価値は肉体よりも精神にあるはずです。

渡邉 フェアにというのは、事実関係を明確にするという意味ですね。

惠 そうです。事実関係を明確にしたうえで、大東亜戦争を「アジア解放のためにやむなき戦いであった」と大義を教えることが重要です。実際、これは中韓以外のアジアの国々からは広く認められていることです。

少なくとも私が小学生の頃までは、沖縄戦での慰霊祭で、旧軍の皆様と生き残った沖縄の人たちは、肩を抱き合って再会を喜んでいたものです。

大東亜戦争の意義を知らせるまでもなく、沖縄県民も戦前世代はごく普通にそれを認識していたと思います。現状では日本全体で大東亜戦争自体が侵略戦争だったという自虐史観が蔓延（まんえん）しているから、いまの若者はよりどころがないのですよね。

渡邉　第二次世界大戦でも太平洋戦争でもなくて、「大東亜戦争」という日本を主体とした呼称であり、大東亜会議（一九四三年・昭和十八年十一月に東京で開催されたアジア地域の首脳会議）で示したように、いわゆるアジアの解放戦争であったという立場ですよね。

したがって、これは沖縄だけの問題ではないわけです。まさに日本全体でミスリードが行われていて、その流れのなかにあって大変激しいのが沖縄なのでしょう。

正しい歴史をしっかり教育するという方針が大事なのですが、残念ながら日本はいまだ敗戦国なので、敗軍の将、多くを語らずという状態のまま閉じこもっている。勝てば官軍、負ければ賊軍ということで、伝えられるべき歴史が正しく伝えられてこなかった。

おじいちゃん、おばあちゃんが一緒にいると、まともなことを教えてくれる人たちもいますが、高齢化が進み、猶予はもうありません。

惠　戦争を知る世代はすでに高齢になっていたり、亡くなっていますからね。

渡邉　戦前世代のおじいちゃん、おばあちゃんを持っている孫たち、つまりわれわれの世代と、その間にいる団塊世代では、物事の見方にかなりギャップがあります。沖縄はそれがとくに激しいんじゃないのかなと思いますね。

惠　私の場合、そういった面で非常にいい環境に育ったと思います。家がカトリックだったものですから、一年に一度、カトリック教会が主導して米陸軍中将が指揮をとり、米四軍による慰霊祭が行われました。一九六〇年代の前半のことで、まだ日本復帰の目途もたっていない頃でした。君が代さえめったに聞かなかった時代でしたが、アメリカ陸軍軍楽隊はわざわざ君が代を演奏して、先頭の旗手が日の丸を掲げて行進していたのです。旧日本軍と日本の潜在主権に敬意を示していたのだと思いますよ。

渡邉　そういう面ではフェアですよね、アメリカは。

惠　健全だったと思うんですよ。北方領土に侵攻したソ連軍とは雲泥の差ですよ！

惠隆之介を育てた環境

渡邉 不躾(ぶしつけ)な質問ですが、惠先生のご両親は何をされていたんですか?

惠 父は警察官をしていて、母は基地の従業員でした。母はアメリカの大学を出て英語が堪能でしたので、基地のなかでも管理職に近いポジションにいたのです。その頃、米兵相手のキャバレーチェーンを経営している総元締めが、背広姿の紳士四、五名をつれて頻繁にうちに来ていたのです。その理由を母に尋ねると、そのグループの最高顧問になってほしいと懇願されたというのです。「貴女は米軍からもっとも信用されているから、ぜひわがグループの最高顧問として名前だけでも貸してくださいませんか。そうしてくださいましたら、いまの数倍の来客も夢ではありません。もちろん顧問料を払います」と、こう言われたと話すのです。ところが母は最終的に交渉の席で怒りましてね。「心まで売って金儲(もう)けする気はない」と言って、断ったのでした。

そういった環境で育ったから、私の人生観や政治観はぶれないのです。経済的には楽ではありませんが(笑!)。

渡邉　惠さんのお母様の世代で、アメリカの大学に行かれていたのですね。

惠　当時は、やる気がある住民はフルブライトで留学できた。米軍の飛行機とか船でアメリカに行ったのです。男性は下士官待遇、女性は将校待遇だったそうです。母の友人が後年、「戦前は男尊女卑、戦後は女尊男卑になった」と笑っていました。

渡邉　なるほど、フルブライターの最初の頃ですね。沖縄特例枠。

惠　小学校に入ったときに、母の言葉でいまでも覚えていることが二つあります。一つは「一等国として存立するには強い軍隊を持つこと」。もう一つは、「リーダーになるには世界史をしっかり勉強すること」でした。そういう教育だったから、沖縄型の「閉鎖思考」にならずに済みました。いまでも母の教育に感謝しております。

事実関係を整理して沖縄への贖罪意識を捨てよ！

惠　私が海上自衛隊にいたときのことです。遠洋実習航海でスリランカのコロンボに入港した一九七九（昭和五十四）年、当時の大統領だったジャヤワルダナという方が、越智啓介全権大使を通じてわれわれ青年士官にメッセージをくださいました。「自分が今日あるのは、日本のおかげだ」という内容から始まり、要約するとスリランカはかつて、イギリスの植民地で住民は牛馬のようにあしらわれていた。卑屈になりがちだった一五歳の少年の頃（一九二一年）、日本海軍の艦隊がコロンボに入港した。母親が丘の上に自分を連れていき、日本の艦隊を指さして『アジア人でもやればできる』と言ったというのです。それから奮起して独立運動を起こし大統領まで昇りつめた。あの母の一言と日本艦隊の勇姿が今日の自分をつくってくれたのだと感謝していました。ジャヤワルダナ大統領は親日家で日本海軍、そしてその後継の海上自衛隊に対し畏敬の念を伝達しておられました。

ちなみにこの艦隊は、皇太子時代の昭和天皇が乗艦しておられた御召艦「香取」が所属する帝国海軍第三艦隊です。香取の艦長は大佐時代の漢那憲和でした。

ところで、じつは私の伯母は「ひめゆり部隊」で従軍看護婦として戦死しているのです。享年二十二と聞いています。ただ遺骨さえ発見されません。「沖縄本島南部において戦死」という広報が残っているだけです。

だから、私が幼い頃は母に連れられて伯母の供養のため、野戦病院壕跡をいくつか回って入口で祈りを捧げていました。私の家の教育がよかったのは、カトリック教徒として、同胞（国家）のために命を捧げるということが最高の生き方だと教えられたことです。普通の家なら、「伯母ちゃんが生きていたら、美人で学業優秀だったからいま頃はいい生活してただろうに」とか、無念の想いを口にするのだろうけど、わが家では神の意志に従って尊い命を捧げた、お前はそのことに誇りを持てという教育だったものですから、国に対する恨みつらみもないし、「伯母は良き死所を得たり」と、私はそう思ったほどです。

そういう意識で物を見ると、伯母はいま頃、「神の御許で永遠の栄光を受けている」と私は信じています。こういう解釈は、いまの日本の教育ではとうてい望めないでしょう。侵略戦争だったとか、自虐史観が蔓延しておりますから。

そういったことをクリアにして、沖縄問題を論じないと正しい検証はできない。左翼の煽動家は「沖縄に全部負担をかけて犠牲を強いて、いまさら何を言うんだ」というふうに歪(ゆが)んだ思考をしているのです。

沖縄の左翼系新聞を潰す方法

渡邉　正しい教育と同じ方向性ですが、やはり正しい知識の啓蒙(けいもう)も喫緊(きっきん)の課題だと思います。捻(ね)じ曲げられた「事実」に対抗するには、左翼の反日プロパガンダに代表される、誤った情報を一つひとつ潰していくしかありません。

つくり上げた嘘は正論で論理的破綻させて、自らゲシュタルト（全体的な枠組み）崩壊させるのが一番正しいやり方なので、それをうまくやっていく。

方法は三つあります。第一に「ヘイトのインフレーション攻撃」。じつは「ヘイト」の潰し方というのは比較的簡単で、何でもかんでもヘイトだと言っていると、ヘイトがインフレするので、そもそもヘイトが成立しなくなる。経済学的にいうと少ないものには希少価値があるけど、量産化されると無価値化していく。だから、その仕組みを使ってヘイトを氾濫させちゃうというのが、彼らを潰す一番簡単な手口なんですね。

たとえば、沖縄の人が沖縄のヘイトをやると、それ自身がヘイトじゃないかと今度は言い出すから、結局全部がヘイトになって何の価値もなくなるんです。

第二に「フェイクニュース」という、トランプ大統領が実践している技法です。トランプ大統領がニュースサイトに対してにせのニュースだというレッテル貼りをして、実際ににせのニュースの連発を起こさせて信頼性をどんどん低下させていく。

第三に「資金源の停止」です。この三つをうまくコントロールできれば、面白いことになるかなと思う。

別に潰すのが目的じゃないですが、正常化させないと完全な既得権益になってますから健全ではない。さっきの新聞、テレビの話がそうですが、新規参入ができないというのは問題ですよ。もっとも、どんなものをやったって利権というのは生まれるので、その点はきりがありませんが、新陳代謝を起こさないと、あとは腐るのみです。

言論の自由を守るために排除する必要があるという論理になってくるので、このあたりをうまく利用しながら、情報戦と教育戦を徹底的にやっていかなくちゃいけないというのが、沖縄の一つの答えなのでしょうね。

そこで、それを踏まえたうえで私からも提案させていただきたいのですが、沖縄の左翼を潰す方法です。

まず、誤った情報を流す新聞ですが、これは単純に新聞のビジネスが成り立たなくすればいい。新聞購読者の半数以上は番組欄と死亡欄を見ることが目的だから、死亡欄を安く、または無料で配る仕組みをつくっちゃえば、価値が半減して新聞をとらなくてもいいようになる。番組表は、たとえば産経が週刊のフリー紙のようなものを配ってしまえば、テレビ欄目当てに新聞をとる人もいなくなる。

また、沖縄は「お悔み情報局」というインターネットサイトが始まって、ファクス対応もあり、いままで新聞の死亡告知欄だと五センチ一一万円、一〇センチで二二万円かかったものを、三万円で伝えてくれる。そのサービスのおかげで、新聞に載る忌引き広告が五割を割り込んだらしいんですね。

次に、前章で議論したセクト、いわゆる「細胞」については、その資金を止めてしまえばいい。これらには違法行為にかかわる団体も多いでしょう。それら一件ずつ、金融庁に電話で申告すると、違法性があればその銀行口座が止まるんです。そもそも論でいえば、政治活動のための資金集めには政治団体の届け出が必要です。しかし、政治団体の届け出を行うと、報告義務が生まれる。だから多くの団体はこれを避け、もぐりの任意団体の形で金を集めている。これは厳密に言えば、違法（政治資金規正法違反）なのです。そして、違法な団体には銀行は口座を利用させられない。だから、廃止や凍結が行われる。意外に簡単なんです。こういうことを、ぜひ沖縄でやっていただきたい。

ただ、これでプロパガンダとミスリードは潰せるんだけど、その後に沖縄の人たちが自らどうやって、どういう県をつくりたいか、という明確な方針を打ち出せるかがカギになります。おっしゃるように、誰かが何かを持ってくるのを、ただ口を開けて待っているだけでは、どうにもならないですからね。

沖縄を東京都の管轄に？

恵　沖縄には、東西一〇〇〇キロ、南北四〇〇～五〇〇キロという広大な海域に、三六三の島があります。そのうち有人島が二六カ所。まずは離島の人たちの生計をいかに立てさせるか、というのが喫緊の課題です。

そのなかでよいモデルになるのは、沖縄本島の東側三四〇キロにある南北大東島です。サトウキビが主要作物のこの島は、沖縄県で生産性が一番高い。彼らの標語は「国土を守るためにサトウキビをつくろう」なのです。高齢化や過疎化という問題を抱えながら、いかに塩害にも強い、台風にも強いような作物を開発して、高付加価値のものをつくれるかを、テーマにしています。

渡邉　大東島では、サトウキビを使ってラム酒をつくっていますよね。その国産ラム酒で上質なものが最近やっとでき始めたという話を聞いています。島に合った食材で、そこでしかつくれない付加価値を生み出すことは、島の自立を目標にするだけなら、小規模でも可能ですからね。

惠　ちなみに、大東島を、最初に発見したのはロシアなんです。南北大東島は一八二〇（文政三）年、ロシアの軍艦のボロジノ号が発見したことから、その名前をとってボロジノアイランドという名称がつけてあった。それを明治になって東京府八丈島からの移民が主体になって、大東島で製糖工場の小作を始めたのです。そうやって住民が永住したから大東島は日本の領土になった。

やはり、人が住まないと領有権は主張できないという大きな教訓です。そのことは、石原慎太郎氏が都知事のときに強調していたことなのですがね。

渡邉　少し突飛に聞こえるかもしれませんが、考え方によっては、たとえば沖縄を東京都の管轄にするというのもありかもしれないですよね。

惠　いや、じつは私もそれを一度提案したことがあるのですよ。とくに石原慎太郎氏が都知事時代、尖閣諸島を地主から買い上げるための募金運動を始められたさい、痛切に思いました。いまのままだったら沖縄は、中国や韓国、それと組んだ極左勢力にハイジャックされる危険がある。有事のさいに手遅れになってしまう恐れもあります。

とにかく国の危機管理がまったくなっていない。いかんせん中国に金を貢いで、名誉市民の顕彰をもらって悦に入るような人が知事をやる県民性ですからね。それに対して何の疑問も持たない。

最近は、保守系まで中国になびいて、沖縄県日中友好協会が設立されました。程永華（ていえいか）駐日大使を招待してスピーチまでさせているのです。沖縄県は中国から二重三重に網をかけられてきているということに対して、なんの警戒心も持っていません。

渡邉　だから、小笠原と同じく沖縄を東京都の管轄にして、国が直轄するんです。

惠　中国だって直轄地がありますもんね。北京や上海、重慶、天津など重要地域は直轄地にしております。

渡邉　そうです。この場合、厳密には国の直轄ではありませんが、沖縄を東京都の一部にして、東京都の財政のなかに紛れ込ませてしまう。東京都は「国」規模で考えても世界で一一番目の予算規模がある。人口的にも、沖縄県民を入れたからといって大して問題にはなりませんよね。

惠　最近は、東京都民も含めて内地の方々がかなり沖縄に移住してきていますから、抵抗は少ないと思います。なぜ内地の人が沖縄に移住するのかというと、冬は避寒地として、あるいは春になっても花粉が飛散しないからです。

渡邉　ああ、沖縄は杉の植林をやっていませんからね。

恵　冬から春にかけては、沖縄ホテルや賃貸マンションは満室です。

渡邉　だったら、フロリダ半島とニューヨークとの関係のようにすればいい。

基地に対する攻撃は米国の法律ではテロ

渡邉　米軍基地に対する攻撃行為には、日本の法律では刑事特別法などで処理していますが、じつをいうとアメリカの法律を適用すればテロ行為として対処できる。本来は日本が法整備して対処すべきことなんですが、現段階でできる解決法となると、アメリカに頼んでテロ制裁リスト（ＳＤＮ）に入れてもらうということがあります。

米軍基地に対する攻撃行為は、アメリカの法律上は「テロ」ですから、テロ行為に加担した団体、政治団体、個人の口座を、アメリカのＳＤＮリストに入れることが可能です。このリストに名前が登録されると、その瞬間にアメリカに渡航できなくなるし、銀行口座も全部廃止。銀行ローンやクレジットカードも全部解約されます。つまり、普通の生活ができなくなるのです。

現在、日本では山口組とか暴力団の幹部がその対象になっているんですが、基地への攻撃を行っている連中もその対象にしてもらう。世界中の銀行はアメリカの金融ルールを守らないといけない。ＳＤＮリストに掲載された組織や団体個人と銀行が取引すると、膨大な罰金が科せられる仕組みになっている。実際にフランスの銀行ＢＮＰパリバは一兆円の罰金を払わされたし、マカオの銀行は事実上破綻した。米国がＳＤＮリストに掲載すると、日本でもテロ三法の対象になり、資金の提供や不動産の賃貸などをしただけで処罰の対象になる。つまり、一般の社会活動だけでなく企業も活動できなくなるのです。

日本の銀行も銀行口座を廃止します。そうなると、必然的にテロ行為に加担している会社は全部潰れますよ。荒療治ですが、これくらいやらないと変わりませんものね。

惠　なるほど。いま、辺野古基金というのがあって六億円ぐらいプールされているのです。左翼団体がジュネーブや米国で沖縄米軍基地反対運動を行ったり、あるいは県内で講演活動をするとき、これを活動資金にしています。さらに、選挙資金にも流用されているのです。国はそこにもメスを入れるべきだと思いますね。

渡邉　先ほど申し上げたように、政治団体の届け出をせずにお金を集めたり払ったりすると、政治資金規正法違反になります。ですから、金融庁に連絡するか当該銀行に連絡すると、違法性がある口座がとまるのです。

惠　辛淑玉氏たちの「のりこえねっと」も対象にしたらいいですね。

渡邉　米軍基地を守る沖縄県人の会とか組織を立ち上げて、辛淑玉氏たちの活動の動画とセットで、アメリカ議会に対してアメリカの基地に対するテロ行為を行っている不届きな人間がいると告発するんです。そして、その証拠もあるんだけど日本政府がなかなか動いてくれないと申し立てる。彼らが活動するのを逆手にとってね。ただわれわれは基地に対する明らかな攻撃だと考えており、大変な問題だと思っている。これはアメリカとしてテロ制裁のリストに入らないだろうか、と陳情するわけです。このやり方は、制裁が強過ぎるので本当はあまり好きじゃないんですがね。

これが指定された時点で、順番に銀行口座が閉じていき、その取引先に関しても全部取引停止になってきますから、沖縄銀行でも琉球銀行でも、不正行為にかかわる銀行口座をそのまま維持していると、最悪の場合は過去のバンコ・デルタ・アジア（マカオ）と同様に銀行ごと飛びますからね。

それも、三人程度スケープゴートを出せばいいんですよ。銀行口座がとめられて会社が潰れる。するとそこにかかわった人たちまで全部銀行口座がとまりますよ、と銀行から連絡が行くようになる。その瞬間に、制裁を受けた人から順番にみんな団体を離れますから。

あいつと付き合うと村八分、という状況を島のなかでつくっちゃう。それで、「あ、これやると、やばい」ということを、金の話として体感させるのです。

これで、お金で動いている基地反対の人たちは潰せます。SDNリストに載ると将来的に国内線も含めて、飛行機に乗れなくなりますからね。

ここにきて世界中で本人確認の厳格化の潮流があって、中国なんて高速鉄道に乗るのも顔写真で確認しなければなりません。アメリカ国内は国内線もパスポートが必要です。この前の「テロとの戦い」への決意表明をしたG20声明もそうですし、二〇一六年のG7のサミットもそうですけれども、いわゆる航空機へのテロ防止のため、航空機搭乗の本人確認厳格化と、いわゆるテロリストを搭乗させない仕組みの構築がうたわれました。ICAO（国際民間航空機関）がそれを世界中で導入します。二〇二〇年には東京オリンピックもあるので、それに合わせて日本政府としても動き始めていますから、SDNリストに載るような連中は飛行機に乗れません。

これは飛行機だけが対象ではなく、一般の旅客船もその対象になっている。テロの危険は船も同じですからね。ですから、テロ指定されてしまうと、本土から泳いで渡るか足漕ぎボートなどで沖縄入りしなくてはいけなくなる。サメのエサになるのでしょう（笑）。

もちろんこれはブラックジョークですけど、仕組みとしては航空機に乗れない仕組みは二〇二〇年が目途です。もちろんEU圏内にも入れなくなりますよ。

あとできることは、内乱罪と外患罪の最低刑を引き下げることです。いまだと死刑か無期懲役しかないので、刑の適用がすごく難しい。

ところが、最低懲役五年以上死刑までにすれば、いままで死刑しかないからといって適用できなかった事実上のテロ行為に対する内乱罪の適用が可能になります。内乱罪で検挙できるようになると、在日韓国人に関しては母国へ返すことができる。なぜなら、日韓基本条約と同時に結ばれた日韓地位協定は、事実上執行しているのですが、その後、入管特別法に引き継がれて、特別永住者に関しては覚醒剤(かくせいざい)や内乱罪などの一定の刑罰以外は、強制送還できないとされているんですね。

このことが、在日朝鮮人、韓国系、北朝鮮系が平気で政治活動ができる理由にもなっています。これを内乱罪の罪を引き下げるだけで、強制送還の要件がそろう。仮に戦争になって韓国側が中国についたとすれば、その瞬間に敗戦国に再び韓国も落ち込むことになるから、そのときに在日韓国・朝鮮人を追い返す理由ができますよね。

惠　過激なようですけど、それくらいやるべきですね。現在、辺野古で座りこみをしている反対派の四、五割は在日韓国・朝鮮人で、なかには韓国在住の者もいるようです。ただ、そこまでやっても難しいと思います。機動隊の車がデモの前へ回ろうとしてちょっと活動家に接触しただけで訴えられて、運転していた警察官が取り調べを受けるぐらいです。だから、おっしゃるような法体系ができてもなかなか実行し切れないと思いますよ。いまの公安委員は三名いるんですが、一人は琉球銀行の会長、一人は女性（元那覇市副市長）、そしてもう一人が弁護士です。

渡邉　問題は公安なんですね。基本的に警察は都道府県単位になっており、それぞれの公安委員会が統治権を持っていて、国は警察を直接統治していないですからね。国家公安委員会がそれぞれの都道府県公安委員会を管轄はしているが、あくまでもそれぞれ自治に近い構図になっている。ですから東京都に編入すれば、東京都が公安委員会の管轄になるので、沖縄県から公安委員会をなくすことができる。もちろん、東京都の公安委員会に沖縄の人間も入ることになりますが、人口比率と経済規模を考えれば、委員に入れてもせいぜい一人ですね。これで完全に国側のガバナンスのなかに入ります。それしかないですよ。

惠　なるほど。私も「沖縄有事」を想定すべきだと論文に書いていますが、いざとなったときには、すぐにそういったプランを実行できるぐらいでないといけませんね。沖縄有事というのは、外国からの武力攻撃というよりは内側からの工作のほうが可能性は高いと思います。

渡邉　沖縄県公安委員の人事では二〇一七（平成二十九）年七月に弁護士を公安委員から退任させ、別な人間を任命する人事案を翁長知事は県議会に提出しています。同県公安委員は三期九年務めるのが慣例で、本人の意向に反して一期で退任させるのは初めて、だとか。県政野党の自民党は「政治的中立であるべき公安委員人事が県政与党の共産党の圧力で覆された」と批判、徹底追及の構えですね。

恵　退任する弁護士は昨年十月の県議会で、米軍北部訓練場のヘリパッド建設工事への抗議活動を警備する県警機動隊が「不当弾圧」と指摘されていることに対して、「県警の活動は違法行為などに対処するもの。『弾圧』や『不当弾圧』は主観的、煽動的で、必ずしも正しい表現ではない」と答弁した。これに反対派が「弾圧されている」と主張する与党、オール沖縄側は強く反発していました。このようにまともな意見が県議会では通用しないのが現状です。翁長知事は本会議で「与党の圧力はなく、私なりに総合的に判断した」と述べていますが、圧力があったのは間違いありません。

パレルモ条約を沖縄は活用せよ

渡邉　今年（二〇一七年・平成二十九年）の六月に日本の国会でテロ等準備罪が成立しました。これでやっと日本のテロ対策が国際的な水準に近づきます。日本は「国際的な組織犯罪の防止に関する国際連合条約」、通称・パレルモ条約を批准していたが、締結できていなかった。このため、国際的なテロなど犯罪共助が犯人引き渡しなどができない状態だったのです。パレルモ条約は、組織的な犯罪集団への参加・共謀や犯罪収益の洗浄（マネーロンダリング）・司法妨害・腐敗（公務員による汚職）等の処罰、およびそれらへの対処措置などについて定める国際条約です。二〇〇〇年十一月に国際連合総会において採択され、二〇一四年十二月には国際連合安全保障理事会において、本条約および腐敗防止条約等関連条約の加入・批准、実施を求める付帯決議が行われました。その条約上の義務として、重大な犯罪を行うことの合意、犯罪収益の洗浄（資金洗浄、マネーロンダリング）、司法妨害等を犯罪とすることを定めて裁判権を設定する必要があったわけです。

日本の場合、これまでテロなど犯罪行為を実行後に処罰することはできましたが、準備段階で処罰する法律が完備されていなかった。これが、国際的な監督機関であるFATF（金融作業部会）や国連薬物犯罪事務所に問題にされてきたわけです。そして、条約がないことから他国との情報交換にも問題が生じていたわけです。そこでパレルモ条約を批准するため、安倍政権下において共謀罪の構成要件を厳格化し、テロ等準備罪（組織犯罪処罰法）の改正案を可決・成立させたという流れです。そして、この法律は七月十一日に施行されましたので、パレルモ条約も年内の早い段階で締結される予定です。

日本国内では人権派が悪評を振りまいているテロ等準備罪ですが、こうした国際的な要請の下で成立したもので、二〇二〇年に東京オリンピックを成功させるためにも必要であると考えられます。ちなみにパレルモ条約を締結できていない国は、自治国を除くと日本のほかにはイラン、南スーダン、ソマリア、コンゴ、ブータンの五カ国であり、ブータンを除くと事実上、統治が崩壊している国です（笑）。

惠　なるほど、それでパレルモ条約をどのように活用するんでしょうか。

渡邉　テロ等準備罪の施行で、テロが行われる前の準備段階で組織犯罪を取り締まることができるようになります。また、国際ルールに基づいたテロ組織の認定も可能になります。日本の場合、国際ルールではテロ組織に該当すると思われる団体が国内世論の反発などで野放しになっています。外圧を利用するのは好きではないですが、パレルモ条約の締結で国際基準を適用する理由ができるのです。その結果、今後、沖縄の反基地活動に深くかかわっているといわれている中核派などがテロ指定を受ける可能性があるわけです。テロ指定を受けた場合、二〇一四年に成立したテロ三法により資金提供や場所を提供しただけで処罰されるようになりますので、資金面から締め上げられるわけです。

ちなみに今年五月下旬に各マスコミが「国連がテロ等準備罪に懸念」「国連がテロ等準備罪を廃案にするように勧告」といった報道を始めました。

これは、国際連合の外部機関（第三者機関）である国連人権委員会（つまり国連ではない）の関係者が日本政府へテロ等準備罪への懸念を伝える書簡を送ったことから、この個人の見解を「国連全体の意思」であるかのように報道したのです。

しかも尻馬に乗った民進党の蓮舫(れんほう)代表は、「政府は国連の勧告を重く受け止め、法案は廃案にすべきだ」と、「国連の勧告」という捏造を行ったうえで述べてしまいました。ところが安倍首相はイタリア・シチリア島サミットで本物の国連事務総長と会談して、本人から、「関係者は国連とは別の個人の資格で活動しており、その主張は必ずしも国連の総意を反映するものではない」という発言を得ています。また、国連の監視機関である国連薬物犯罪事務所は、テロ準備罪成立を歓迎する声明を出しており、野党やメディアの報道がいかにおかしなものであるか象徴する結果になりました。

物流ハブとしての沖縄に可能性あり

恵　渡邉さんから見ると、物流ハブとしての沖縄は地理的にいい位置にあるわけですよね？

渡邉　第一列島線上にあり、最適な場所です。韓国とか中国の物流拠点は、韓国の仁川になっていますが、仁川の物流を全部沖縄に持って来ることも可能です。なぜかというと、沖縄はどこから見ても太平洋側に出ているんですよ。韓国の仁川の物流は海を考えた場合に日本があるので、上か下かに迂回(うかい)しなくちゃいけない。だから、韓国のハブ港の役割を沖縄が代替することは可能なんですね。

沖縄の地理的条件を考えれば、アジア向けのハブと同時に、中東経由のヨーロッパ向けのハブにもなる。しかし、いまなぜそれができないかというと、やはり港湾空を うまく連携するようなインフラが、整備されていないからでしょう。

だから、普天間が返還されたら、それこそハブ空港として普天間の空港を貨物機専用空港にして、さらに大型の貨物の物流ハブにするという手は一つあります。それと、周辺の海も整備し直して、CFS（コンテナ・フレート・ステーション）として巨大なコンテナがとまれる桟橋を構築し、それでコンテナと航空をダブルで動かす物流のハブにすることができると思います。吃水（きっすい）一八メートル級の港をつくるのにはケーソンという水中構造物を海底に設置するなど大工事になります。

もっとも、港湾利権はすごく面倒くさくて、結局それで物事が進まないんです。空に関してはANAがハブに利用していますから、それでずいぶん良くはなってきているんですが、問題は海のほうですね。中国の軍艦が周辺をうろつくようじゃ安全性を保てないので、物流ハブになりえません。

惠　エリア的には、沖縄の役割があり、沖縄にできることがあると私も思います。いまから二〇年前に国際都市構想というものがありました。ガントリークレーンも四基新設しましたが、現在、ほとんど稼働していないのです。

渡邉　それは、船が入らないということですか？

惠　そうです。だって、上海とか天津という消費地から離れているじゃないですか。

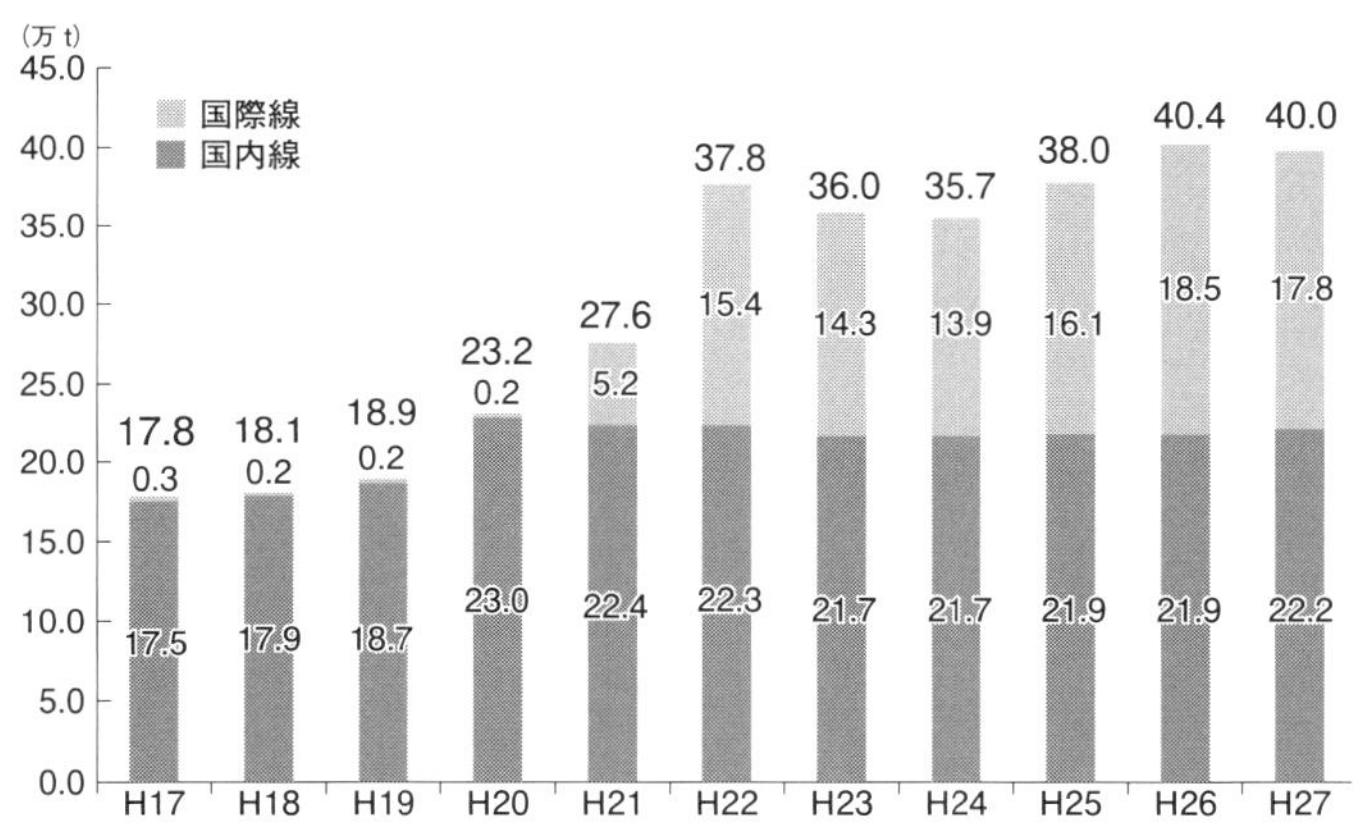

渡邉　空便に関しては、沖縄から日本のほとんどの空港に飛行機が飛んでいますから。あくまでＡＮＡの構想ですけど、沖縄を中核にすればその場で仕分けして、東アジア各都市に配れるんですよ。沖縄にハブをつくったことによって、アジアエリアの物流がＡＮＡとクロネコヤマトのコラボで翌日到着、ということが容易になったことは事実なのです。

だから、船についても同じことをやらなきゃいけないのですが、そこまで至ってません。

もっとはっきりいえば、仁川を潰して全部沖縄に持って来る、というのが一番いいわけです。もちろん、韓国がうんとは言わないでしょうけども、朝鮮戦争がもう一回起きると全部沖縄に来ますよ。

恵　韓国と比べて労働コストはどうですかね？

渡邉　沖縄が労働組合を抑えられれば、問題ないですよ。韓国も労働組合が強すぎるので、労働コストはだいたい同じなんですよ。

だから、沖縄には可能性があるんです。日本の通関は台湾じゃできないし、仁川でもできないけど、沖縄は日本なので、通関作業ができる。したがって、通関したのを沖縄からどこにでも運べるわけです。

ところが、仁川は通関ができないので、日本のどこかの港に入れて一回通関させないといけない。そういう面でいうと沖縄は通関作業する場所に向いているんです。

欧州からでも中東からでも、全部沖縄でおろして通関作業をさせて、日本全土の必要なところに回すというシステムが出てきたら、沖縄も面白くなる。

ただ、そこで問題となるのは、いまの日本には船便がほとんどないこと。船荷をやっているのは横浜と神戸港、鹿児島港ぐらいで、あとはもう全部陸送に変わっちゃっている。そのうち化学物質検査だとか食品検疫ができるのは、じつは神戸と横浜の二港しかないんです。だから国に請願を出すのであれば、食品の衛生を管理する施設を沖縄につくってくれと言うべきですね。そうすれば、沖縄を食品の窓口にして通関させることができます。

　とくにアジアのフルーツなど高付加価値商品に関しては、沖縄がすでに航空ハブなので、沖縄に検疫センターがあれば検疫が迅速にできて、全国向けに配送ができるんですよね。

惠　しかし、まだANAのものは量的には少ないです。

渡邉　航空貨物が主で、確かに量はそれほど多くはないですが、まだ量を増やそう思えば増やせるでしょう。

惠　なるほどね。自然条件からしても、可能性はあります。雪が降らないし、温暖だし、問題は台風のときくらいです。

東京編入への具体的方策

渡邉　ところで、ANAの運用している訓練空港があるのはどこでしたっけ？

惠　宮古下地島にあります下地島空港です。ただし現在はANAも撤退しました。

渡邉　訓練空港があるところであれば、その気になればいつでも基地運用できますよね。

惠　第三次台湾危機のとき、アメリカ海軍は台湾海峡の南北に二つの空母機動部隊を行動させて中国をけん制しました。そこで中国は捲土重来（けんどちょうらい）を期して海空力の強化に乗りだしました。最近、米軍の友人から、中国は台湾対岸付近に空軍基地三六カ所を新設しているというのです。

「ところで、わが方、日米同盟陣営はいくつあると思うか」と聞かれたものですから、三基地と答えたら、中国側に対抗できる本格的な戦闘基地は嘉手納米空軍基地の一カ所しかないというのです。三六対一ですよ。

　そのうえ、さっき話が出た下地島空港ですが、そこを中国が狙っているのです。沖縄にＦＳＯというパイロット養成の会社が今年、設立されました。中国湖北省の航空学校から三五名の民間パイロットを連れてきて、二〇一八年から実地訓練を始めるといっている。一応、民間航空学校とは言っておりますけど、あの国は有事のときはすぐ軍に徴用できる法律があります。私が思うには既成事実を積み上げられていって、空港の運用権を主張される可能性があるんじゃないかと、危惧しています。

　そこは、宮古海峡と目と鼻の先ですからね。だから私の後輩である空幕長に、あそこに基地を展開したらどうかと言ったら、中国に近すぎて危険だというのですよ。だけど、中国はもう四〇〇キロ東方にはいくつも基地をすでにつくっていて、その気になれば一〇分で飛来できる。

渡邉　だったら、別に基地をつくらなくても、ＡＮＡから自衛隊訓練のために接収してもいいですよね。

惠　いや、これは旧第三種空港だから沖縄県の管轄になっているのです。これは沖縄返還のときに当時の屋良朝苗（やらちょうびょう）知事と佐藤栄作首相が協定を結んで、あくまでも平和利用ということを明言しているのです。もっとも国の緊急時にきれいごとばかり言っておれませんがね。

渡邉　では、それを国の直轄にしてしまって……。

惠　国直轄にすべきだと思います。翁長知事はこれにはまだ手をつけてないけど、そうなったら日本政府は震え上がりますよ。その前に早く手を打たないと。

渡邉　私が考える方法としては、民族自決原則を使って八重山と宮古の人たちに東京都の編入を求める住民投票をやらせて、その結果を受けて東京に編入させちゃうんですね。

それだと民族自決原則をうたいながらも国境をまたがない。実際に小笠原など、管轄が変更されているところはありますし、奄美などもそうじゃないですか。

ですから、それと同じように東京都に編入するか鹿児島編入にするか、どちらでもいいんですが、宮古と八重山の二島だけ所属をかえてしまう。仮に東京都に管轄替えすると別予算がつけられますから、宮古と八重山群島を思い切り優遇して、たっぷり予算をつけてあげる。そうなると、沖縄の人たちは宮古、八重山がうらやましくて仕方なくなりますよ。こうしてまず二島から順番に切り離していって、沖縄本島だけ残しちゃうという手があります。

惠　それはすごくいい方法ですね。ちなみに、日清戦争の直前に、琉球三分割案というのがありました。これは宮古、石垣は清国領、沖縄本島は独立、奄美以北は日本領というものでしたが、いわば、それの応用ということですね。

渡邉　理屈では、こういうやり方も検討材料になるはずです。

惠　それを聞いて思い出したんですが、辺野古基地の建設予定地があるでしょう。あそこは一九七〇（昭和四十五）年八月まで久志村（くしそん）という村だった。久志村の時代に誘致運動をしてキャンプ・シュワブをつくったんです。ところが名護町と合併し名護市に昇格したものだから、基地周辺対策費は名護市全体に分配され、辺野古側の受け取り分が少なくなったのですよ。で、名護市の市長が普天間基地移設反対運動を展開しているもんだから、私は旧久志村の住民に、久志村を復活したらと提案したことがありました。そうなったら、全国一小さい村が全国一の金持ち村になる（笑）。

渡邉　そのとおり（笑）。

恵　それは一つプランとしては大きな起爆剤になりますね。

沖縄にしかないものを追求せよ

渡邉　現在の沖縄というと大半の人は観光のイメージがあると思うんですが、日本の観光ビジネスで一番間違っているのは、世界中どこにでもあるものを沖縄につくろうとすることです。しかも、観光地につくろうとするのはいただけない。

たとえば、いわゆる高級リゾートというのがあるとする。それが沖縄とタイにあって、同じサービスだとすれば、最終的には同じ値段にしかなりません。タイが安ければ、沖縄もそれに引きずられちゃうんですよ。シティホテルがあってリゾートビーチがあってマッサージが受けられるとして、沖縄に行ったら一〇万円、タイだったら五万円とすれば、東京からならタイに行っちゃうわけですよね。

どこにでもあるものじゃなくて、沖縄にしかないものを追求しないと、このままでは観光でさえもだめになると思います。ある意味、日本で一番のグローバルというかインターナショナルシティなのは京都じゃないですか。外国人からすれば、もっとも日本らしいから京都に行くわけで、どこにでもあるものを見に沖縄に行っても仕方がないんですよ。このあたりは、政府が思い切り勘違いしているところがあります。私はいつもそのことを政府関係者に指摘しているんですけどね。

惠　ただ、あまり琉球王国というのを強調すると、中国が乗っかってくる。宗主国は俺たちだったと言ってね。

渡邉　だから、「琉球王国」ではなくて、「沖縄」でしかできない体験を沖縄でしてもらう、という考え方ですよね。琉球王国の歴史的遺産というのはあるにしても、それほど多くはないじゃないですか。京都みたいに何千年もある建物などは、台風もあるし雨も降るわけですから、多く残るはずもない。建物ももたないですからね。

たとえば、沖縄でしかできないものというと、何があるんですかね?

惠　いや、それはあまりないですね。一つ思いつくのはダイビングだけど、ハワイのほうが海はずっときれいだし。また、沖縄では観光客がよく心臓麻痺(まひ)を起こして亡くなるのですよ。前の日に酒を飲みすぎて、そのままダイビングする連中がいたりするものですから。本来、ダイビングはキャリアを積んで、かつ健康状態をチェックしなければならないのですけど。

渡邉　資格が要りますよね。

恵　資格が要るけど、観光会社がとにかく潜らせればいいと安易にやらせるものだから、心臓麻痺や水難事故を起こしたりして、けっこうリスクが高いのですよ。

渡邉　ならば、それを逆手にとって安全なダイビングを県として助成するとか、ですかね。ダイビングにハードルがある層、つまり初心者向けに、たとえば大手の資本が、ダイビングスクールから始まって長い間リピートできるようなモデルをつくってみるとか。

恵　うん、そういうことですよね。

沖縄のカジノを中国系資本が狙っている

渡邉　かつてユニバーサルスタジオを沖縄に、という計画がありましたが、二〇一六年に撤回されましたね。これも、沖縄にしかないユニバーサルスタジオだったら、ありえた話だったと思う。たとえば、海洋体験物に特化した、沖縄らしいユニバーサルスタジオというイメージですね。

ただ、ユニバーサルはカジノもやっていますから、結局はカジノ構想の延長線上の話です。もともとは普天間基地の跡地利用としてＩＲ（総合型リゾート）構想というのが始まったわけですが、当初沖縄の場合は次の三本柱でなっていました。

いわく、日本では沖縄にしかない。基地で働いていた人たちは基本的に全員身体検査済みなので、カジノの警備員としてそのまま採用できる。そして、島だからいざというときに管理がしやすい、という三つの柱ですね。もっともこれは、全部シナリオがうまく回った場合に自立型産業になるということなんですが、鳩山由紀夫さんが総理だったときに普天間移設をぐずぐず言ったことで、全部壊れちゃった。その結果、ＩＲ構想は日本中の都市圏につくるということになっちゃったので、そうするともう沖縄の競争力がなくなるんです。

恵　まったくないですね。

渡邉　ユニバーサルとしても、沖縄でつくるよりもカジノを利用するであろう都市部につくりたいということと、日本で二カ所も運営したくない、ということがあるんだと思います。

いま、日本のカジノに名乗りをあげているのは、ゲンティングループ、サンズ、ＭＧＭ、ユニバーサル、あと何社かあるんですが、絶対に入れちゃいけないのはゲンティンです。ゲンティンというのは中国系のカジノ資本です。じつは裏金を動かすにはカジノが一番適している。アメリカのコントロールが効いてないので、いわゆるマネーロンダリングの温床になりやすい。

やりかたはこうです。カジノで金をチップに換えて、チップを右から左に渡して、受け取った人が換金すれば、黙ってお金のやりとりができる。表向きはカジノで勝った負けたという形にする。

惠　ああ、そうか。マカオで中国共産党の連中がやっているような手法ですね。

渡邉　そうです。たとえば惠先生が私に裏のお金を渡したいという場合、二人で入っていって、先生が一〇〇〇万円分カジノのチップを買って私にそのまま渡す。私はカジノで勝ったと言って換金して持って帰る。そうすると、表向きは先生がカジノで負けたように見える。私はカジノで勝っただけ、ということにできますからね。だから、沖縄にこんなもの……つまり中国のコントロールの効くゲンティンとかチャイナ資本を入れてしまうと、すごく危険です。

二〇一五（平成二十七）年にキャンプ・フォスター（旧称 キャンプ瑞慶覧（ずけらん））の西普天間住

宅地区約五一ヘクタールが返還されましたが、オリエンタルランドがここにディズニーシーを建設し、リゾート開発をするのではという報道がありました。リアル「シー」なので、こういう施設は歓迎したいですね。

沖縄の農業も京野菜スタイルで

渡邉 次に、沖縄で産業というと、全国的に何が売れると思いますか？

惠 沖縄でしかとれない海草や野菜の商品化、サプリ化が妥当だと思います。沖縄は土壌がやせているばかりか台風と干ばつが交互に襲来する土地柄ですから、普通は農業に適さないのですよ。ところが、逆にそういう自然条件でしか生育しない野草が最近まであったのですね。一種の薬草です。昔は自然蔬生（そせい）してたけど宅地造成やホテル建設で姿を消したのです。それと戦後世代が「にがい」ということで敬遠されるようになった。ところがこれは一〇〇グラムあたり、ゴーヤの一三倍以上のポリフェノールを含んでいることなど、抗酸化作用があることが判明しました。先日、私はこの「にがみ」をマスキングし、かつ効能を倍加させる調理法や製品を開発したのです。そして特許をとったのです。今後、沖縄農業振興に役立てたいと思っています。

渡邉　薬草ですか。それはいいですね。

恵　これをどんどん商業ベースに乗せていこうと思っています。

渡邉　そうですね。付加価値がとれるものでやっぱり産業として育てていかないと、いつまでも補助金頼みじゃいけませんからね。

恵　補助金頼みじゃ思考停止になってしまう。

ちなみに沖縄の農業生産物の中心は、いままではサトウキビだったんですね。これは国際価格の三倍以上で国が買い取ってくれているから存続しているのです。これは生産者の高齢化と離島地域の人口減少に伴って、もう限界だと思います。ＴＰＰがもし実現したら一挙に吹き飛びますよ。

渡邉　ＴＰＰの実現うんぬんよりも、いわゆる補助金頼みの農業ではなく、やっぱり付加価値をつけられるような、海外や本土に売れそうなものをつくることが大切だと思います。沖縄のメリットというのは、たとえば台湾と違って日本国内だから、食物検疫がないということだと思うんです。九州でも、パパイヤとかマンゴーをつくっているじゃないですか。そういった付加価値をつけられて高く売れるものをつくっていくしかないと思うんですが、そういった商品は何があるのかなと探してみる。

惠　ゴーヤがあったけど、ゴーヤはもう九州でも本州でもつくれるようになってしまいました。ただし沖縄で生育させると強烈な紫外線のおかげでポリフェノールの含有量が増えるのです。

渡邉　本土でつくったほうが輸送コストもかからず安いですよね。でもそのような特性があるのなら、もっとアピールしてもいいのではないかと思います。

惠　沖縄県民はレシピを開発しないものだから、もうそれでブームが廃れてしまうのです。

渡邉　ちなみに、京都でうまくいっているのは京野菜です。決まったところでしかつくっていないから生産量が限られているんです。契約している漬物屋が全量買い取りしてくれるので、安定したモデルになっているんですよ。

惠　なるほど。それはいいことを聞きました。沖縄でもやれるなら、京野菜のシステムが一番いいですね。

渡邉　野菜そのものをそのまま出しても単価が取れないので、それをどうやってさらに付加価値をつけて加工食品にするか、が重要なんです。たとえば、千枚漬けの蕪(かぶ)なんて、そのままでは誰も買わないんですけど、千枚漬けという商品にすれば売れる。だから、みんなつくるわけです。

惠　あれは専用の蕪があるわけですか。

渡邉　聖護院（しょうごいん）かぶというものです。どの県も、農業試験場に行くと古い種が残っていると思います。沖縄が占領下にあったときどうなっていたか、ちょっとわからない部分はあるんですが、基本的には明治時代ぐらいからの原種をけっこう残している都道府県が多いので、沖縄にあった昔の野菜を復活させて、それをうまく加工食品として売っていくというのは、一つのやり方としては「あり」だとは思うんですね。

沖縄にはマンゴーやパパイヤがある。マンゴーなんかも高く売っているんですけど、販路が問題です。生産量も少ないですよね。

惠　そうそう。生産に一貫性がないものですからね。

渡邉　宮崎のマンゴーが安定してうまくいっているのは、千疋屋（せんびきや）などの高級スーパーをちゃんと押さえて安定して卸しているからです。

あとは、検疫がないというメリットを生かすとすれば、航空便で持ってきて売るとかそういうことをやる。もちろん、県内全体を潤すほどの規模にはならないけれども、そういう地道なことをみんなが少しずつやっていくしかないですよね。

沖縄が反日教育を克服するモデルケースになる

渡邉　最後にお聞きしたいのは、現在、沖縄は紛れもなく日本なのだから、県民や本土にもあるおかしな意識をどうしたら打破できるかです。

惠　早急にエリート育成、リーダー育成を計っていくのが必要だと思います。沖縄の政治家は大衆追従型がほとんどです。戦前は徴兵によって九州で鍛錬された地元青年たちが沖縄に帰ってきて、地域社会の中核になっていきました。こういう集合教育がいまの日本、沖縄には必要だと思われます。中国、韓国、北朝鮮はいまでも徴兵制を施行していますしね。

沖縄でも教育が成功した事例というのが二つあると思います。一つは、ひめゆり部隊で有名な沖縄県女子師範学校や高等女学校です。戦前の女子エリート養成機関です。ほぼ全寮制でしつけ教育まで徹底していたのです。これら女学校出身者たちは非常にレベルが高かったものです。こういう言い方は語弊(ごへい)がありますが、高女や女子師範出身の方々は沖縄人離れしていました。全国どこに出てもひけをとらない教養を持っていました。

もう一つは、戦後にアメリカが開設した看護学校。三年間の全寮制で、キリスト教の自己犠牲と奉仕の精神を教えながら実習中心に鍛えあげた。入学式のときに米国人教員が「金儲けに来た者はいますぐ帰れ」「米国では医師と看護婦は同格だ。医師に負けない実力を持て」と教育していたのです。日本復帰前に在校生に日本の国家試験を受けさせたら、全員高得点で合格。当時の厚生省関係者を驚嘆させているのです。ここの出身者も非常に優秀でエレガンスがあります。

したがって、沖縄でも教育をしっかり行えば、人材育成は十分可能だと確信しています。

渡邉　本土でも間違った平等教育によって、機会平等じゃなくて結果平等を求めることによって、非常に悪い弊害が出た。ゆとり教育などはその典型例でしょう。

戦前のいわゆるエリート教育、一部本当に優秀な人間はエリートとして育てていくというのが必要だと言われているなか、逆に沖縄でそのモデルケースをつくることを、いまやるべきときなのかもしれません。

沖縄が変われば間違いなく日本はよくなるし、日本が変われば沖縄も覚醒する。結局、両者は切り離せない問題なんですね。今回、惠先生のお話をうかがってそう強く確信いたしました。

あとがき　無関心こそが沖縄に対する日本人の罪である

今回の対談では惠隆之介氏という、沖縄を知悉（ちしつ）する対談相手に恵まれ、沖縄の本当の姿を読者に提示できたことがなによりの収穫であった。沖縄に生まれ育った氏の発言は貴重な証言であろう。私の知らないことも数多く提出され、読者と同様に驚きと興奮をもって対談に臨み、校正原稿に向き合うことができた。あまりにも本土の人間は沖縄の現状を知らなすぎるのだ。そして本土の人間が無関心であるから、オキナワには自由勝手にさまざまな魑魅魍魎（ちみもうりょう）が暗躍するのだ。これは日本人全体の罪であると断言してよいと思う。

結論を言うと、戦後日本の因習ともいうべき、古くてみみっちい政治が、沖縄ではいまだに横行しているのだ。これはある意味で古い自民党政治の遺物がいまだに生きているとも言えるのだ。詳しくは本文を再度お読みいただくとして、佐藤栄作総理時代の利権がぐるぐる動き回っていて、保守勢力はもちろんのこと、左翼陣営にも恩恵を与えるという社会構造が現存するのである。これはこの二〇年に本土ではほとんど姿を消している「戦後の闇」と断言して過言ではないだろう。

戦後、最後の遺物が沖縄を妖怪（ようかい）のように闊歩（かっぽ）しているのである。その「戦後の呪縛（じゅばく）」がいまだ現世に踏みとどまっているのである。ひょっとしたら戦後世代の、いわゆる「団塊の世代」が最後の抵抗をしているのかもしれない。だが、ここを変えないかぎり、日本は新しい社会には変貌（へんぼう）できない懸念があるとお伝えしておこう。

リンカーン米国大統領が「人民の人民による人民のための政治を地上からけっして絶滅させないために、われわれがここで固く決意することである」と演説したのは、南北戦争直後の一八六三年十一月十九日、ゲティスバーグ国立戦没者墓地の奉献式のことであった。この「ゲティスバーグ演説」は、わずか二分ほどの演説であったが、自由と平等の原則を表現することに成功したのである。そして史上もっとも重要な演説の一つと評価されて、その後のアメリカのあり方を変えたのである。

私たち日本人もこうした「変革」を受け入れるべく、沖縄を注視していかなくてはならないだろう。またその試金石として沖縄の存在価値は否が応でも高まるものと思われる。

さて、本文中にも頻出した「保守」「中道」「左翼」という区分け自体が現実では古くなりつつある。とくに「左翼」、極左勢力は中核や革マルなどの組織として残存していても、市民生活にほとんど意味をなさない存在になりつつある。それでもテレビや大新聞社などのマスコミを中心として「自称リベラル」は数多くいるが、筆者が「リベラル馬鹿」と揶揄するように、近年その信用はなくなりつつある。衰退業界と言っていいだろう。

読者もご存じのように、その存在は高々と自分の権利をのたまうだけの「馬鹿の一つ覚え」をお題目にしている人々だ。権利意識＝被害者意識だけは高いという同胞に私たちは何度も嫌な思いをしている。「売国奴」とは言いすぎだろうが、第三国に日本を売っている人々も含まれるだろう。

さらに沖縄問題においては「右」「左」、「保守」「リベラル」というレッテル貼りが物事を解決するのにほとんど意味をなさない、それどころか明らかに間違いであることがおわかりいただけたと思う。

それではどういう判断基準があるのか。ここで私が提唱したいのは「性悪説」と「性善説」の戦いであると考えると、どうだろうかということだ。たとえば性善説で「防衛」を考えた場合、自らが平和を愛好し、武力を放棄すると相手も武力を放棄する、だからみんなが幸せになる。これが性善説における「平和」である。一方、性悪説の立場に立てば「相手が攻撃してくる可能性があるから自分も防衛力を維持、拡充しなければならない」となる。

はたして現実問題として人類の歴史から見て、「性善説の平和」などありえただろうか。大量虐殺の一例である広島・長崎の悲劇、ドレスデンの悲劇を見ても絶対に性善説の立場には立てないであろう。ちなみに大量虐殺を引き起こす独裁者はある種のサイコパスであるという。こうしたサイコパスが世界に存在しうるかぎり、性悪説で考えていかないと、お人よしの日本人は大変な目にあうだろう。

さて沖縄問題を読み解くと、この「性善説」「性悪説」に加味して「強欲」が加わるのかもしれない。「寝るより楽はなかりけり。起きて働くおろか者」というような思想を持った人たちが自分たちの権利だけを声高に叫び、実現しようとしている。こういう人たち＝ノイジーマイノリティの権利だけが拡大されてしまったことが大問題なのである。先ほどのリンカーンの言葉ではないが、「輩(やから)の、輩による、輩のための」政治が行われているのが沖縄の現実でもある。本書ではその輩を助長させた犯人を挙げているが、「最低でも県外」とぶち上げた旧民主党政権も戦犯であることを付け加えておきたい。

本書のタイトル『沖縄を本当に愛してくれるのなら県民にエサを与えないでください』は出版元のビジネス社の意向によってつけられたものである。このタイトルに悲憤慷慨(ひふんこうがい)する人も多いかもしれないが、案外耳を傾けるべき現実を示しているようにも思える。精神的な甘えからの脱却、経済的な問題解消への自立の矜持(きょうじ)をうながすタイトルのようにも聞こえてくるから、不思議だ(笑)。沖縄県民がとるべき道は必ず開けていると確信している。

そこで最後に沖縄県民の皆さんにこの言葉を送りたいと思う。

「あなたが転んでしまったことに関心はない。そこから立ち上がることに関心があるのだ」

エイブラハム・リンカーン

これは戦後の日本がかかえてきた闇からの脱出(エクソダス)にほかならない。

渡邉哲也

著者プロフィール

惠隆之介（めぐみ・りゅうのすけ）
シンクタンク「沖縄・尖閣を守る実行委員会」代表。1954年沖縄コザ市生まれ。1978年防衛大学校管理学専攻コースを卒業。海上自衛隊幹部候補生学校(江田島)、世界一周遠洋航海を経て護衛艦隊勤務。1982年退官(二等海尉)。その後、琉球銀行勤務。1999年退職。以降、ジャーナリズム活動に専念。著書に『尖閣だけではない 沖縄が危ない！』『新・沖縄ノート 沖縄よ、甘えるな!』（以上、ワック）、『中国が沖縄を奪う日』(幻冬舎)など多数。『昭和天皇の艦長』(産経新聞出版)は昭和天皇天覧、「昭和天皇最晩年のご愛読書」と報道される(『文藝春秋』1997年10月号)。『海の武士道 DVD BOOK』(育鵬社)は山形県教育委員会中学道徳教科書教材に指定(2013年)、『海の武士道』(産経新聞出版)は海自幹部教育用図書に指定される。

渡邉哲也（わたなべ・てつや）
作家・経済評論家。1969年生まれ。日本大学経営法学科卒業。貿易会社に勤務した後、独立。複数の企業運営に携わる。インターネット上での欧米経済、アジア経済などの評論が話題となり、2009年に出版した『本当にヤバい！欧州経済』（彩図社）がベストセラーとなる。内外の経済・政治情勢のリサーチ分析に定評があり、様々な政策立案の支援から、雑誌の企画・監修まで幅広く活動を行う。著書に『世界同時非常事態宣言』『トランプ！』『世界大地殻変動でどうなる日本経済』『余命半年の中国経済』（以上、ビジネス社）、『決裂する世界で始まる金融制裁戦争』『米中開戦 躍進する日本』（徳間書店）、『メディアの敗北』（ワック）、『あと5年で銀行は半分以下になる』（PHP研究所）など多数がある。

著者撮影／外川孝

沖縄を本当に愛してくれるのなら
県民にエサを与えないでください

2017年８月15日　第１刷発行

著　者　惠 隆之介　渡邉 哲也
発行者　唐津　隆
発行所　株式会社ビジネス社
〒162－0805　東京都新宿区矢来町114番地　神楽坂高橋ビル5F
電話　03－5227－1602　FAX 03－5227－1603
URL　http://www.business-sha.co.jp/

〈カバーデザイン〉常松靖史（チューン）
〈組版〉茂呂田剛（エムアンドケイ）
〈印刷・製本〉モリモト印刷株式会社
〈営業担当〉山口健志

ISBN978-4-8284-1969-5